AF502912

Joseph BÉRENGER
Chanoine de Marseille et d'Ajaccio

✤ ✤

Sainte Marie-Madeleine

en

Provence

Ἀδελφοί, στήκετε καὶ κρατεῖτε
τὰς παραδόσεις ἃς ἐδιδάχθητε
(2. THESS. II. 14)

Frères, soyez fermes, et gardez
les traditions que vous avez reçues.

PREMIÈRE ÉDITION

1925
IMPRIMERIE MARSEILLAISE

En Vente : Chez l'Auteur
Maison Saint-Jean-de-Dieu
Saint-Barthélemy. — MARSEILLE

Prix : 5 Francs

SAINTE MARIE-MADELEINE
EN PROVENCE

Joseph BÉRENGER

Chanoine de Marseille et d'Ajaccio

Sainte Marie-Madeleine

en

Provence

Ἀδελφοί, στήκετε καὶ κρατεῖτε
τὰς παραδόσεις ἃς ἐδιδάχθητε
(2. THESS. II. 14)

Frères, soyez fermes, et gardez
les traditions que vous avez reçues.

———◦◦◦———

PARIS (6ᵉ)

Pierre TÉQUI, Libraire-Éditeur

82, Rue Bonaparte, 82

1925

Massiliæ, die 19ª Martii 1925.

IMPRIMATUR :

L. BOREL,
Vic. Gén.

Chanoine BÉRENGER

Maison hospitalière de Saint-Jean de Dieu
SAINT-BARTHÉLEMY. — MARSEILLE

À SA GRANDEUR

MONSEIGNEUR GUILLIBERT

Évêque de Fréjus et Toulon

Les adversaires des *Traditions Provençales* viennent de leur livrer une nouvelle attaque et particulièrement contre le culte de sainte Marie-Madeleine.

Gardien, dans votre diocèse, de la grotte consacrée par la pénitence de la glorieuse pardonnée du Sauveur, et du tombeau où furent conservées ses précieuses reliques, vous avez voulu, le premier, courir à la défense.

Votre réponse a été le coup de clairon annonçant la victoire.

Humble soldat, je viens, à votre suite, prendre part à la bataille.

A notre bien-aimée patronne j'ai demandé lumière et courage ; à vous, Monseigneur, je demande la bénédiction qui, pour le triomphe de la vérité, rendra féconds tous mes efforts.

In Christo.

BÉRENGER.

11 Février 1925.

ÉVÊCHÉ

DE

FRÉJUS & TOULON

Fréjus, le 24 Avril 1925.

Monsieur le Chanoine,

Votre nouvelle défense des traditions provençales sur la venue, au Ier siècle en nos régions, de la famille de Béthanie, arrive à point pour ruiner d'opiniâtres résistances et éclairer les malentendus sincères d'esprits encore hésitants.

Dans un corps à corps vigoureux avec les objections tenaces, vous mettez à nu leur inanité, vainement cachée sous de menaçantes armures ; et aux chercheurs du vrai, non encore contaminés par l'*idola theatri* ou l'*idola cavernæ* dont parlait Bacon, vous apportez de claires lumières qui les guideront dans leurs loyales études.

Une fois encore, me sera-t-il permis de supplier les critiques de se garer enfin du malentendu déplorable qui éternise nos disputes ? Je veux parler de l'erreur de méthode que l'on ne se décide pas à abandonner.

Je suis dans l'héritage de mes ancêtres, château ou métairie. Un quidam se présente et me somme de lui exhiber mes titres à cette possession. Je n'ai qu'à l'éconduire et à fermer ma porte, jusqu'au jour où il me démontrera avec certitude absolue que mes parents et moi ne sommes que des voleurs. Telle est la méthode juste !

Et, pour nous en tenir à la possession tant de fois séculaire de nos saintes traditions, antique et vénérable objet du culte de la Provence entière, aux Saintes-Maries, à Marseille. Avignon, Tarascon, Aix, Saint-Maximin et la Sainte-Baume ; jusqu'au jour où la démonstration sérieuse — et non pas des suppositions, des interprétations, des traits de « chic », comme on a pu le dire parfois — sera produite et irréfutable, nous demeurerons inébranlables, sur nos positions acquises. Ce principe de la saine logique, le Saint-Siège, défenseur-né de la vérité, en a fait lui aussi la règle pratique de nos jugements, en la matière. Hors de là, c'est la confusion, le désordre et, pour un peu, c'est l'impiété.

Vous voulez, Monsieur le Chanoine, mettre le nom de l'Evêque de Fréjus en tête de votre remarquable travail de consolidation et de défense de nos traditions vénérables. Je vous en remercie, au seul titre dont je puis ici me glorifier : celui de gardien-né des sanctuaires Magdaléens de Saint-Maximin et de la Sainte-Baume.

Votre juste réputation de travailleur sincère, averti et creusant les questions jusqu'au fond, suffit d'ailleurs au succès que tous nous augurons à ce nouvel ouvrage, que je suis heureux d'être le premier à bénir.

Je suis, Monsieur le Chanoine, votre profondément dévoué en N. S.

✝ **FELIX,**
Evêque de Fréjus.

ERRATUM

Page 8

Au lieu de 1903 lisez 1893

PRÉFACE

Heureuse et fière de ses traditions, la Provence honore comme ses apôtres Lazare, Marthe et Marie-Madeleine qu'elle identifie à la pécheresse qui oignit les pieds du Sauveur d'un parfum précieux, les arrosa de ses larmes, les essuya de ses cheveux et entendit cette miséricordieuse parole : « Les péchés lui sont remis. »

Au XVIIe siècle, un docteur en Sorbonne, Jean de Launoy, surnommé le « dénicheur de saints », publia contre cette croyance la Dissertation sur l'arrivée imaginaire de Lazare et de Marthe et de Marie-Madeleine en Provence (1).

Ce Launoy, esprit paradoxal, tendait au rationalisme des sociniens et aux opinions anarchiques de Richer. Théologien médiocre, il faisait du mariage chrétien un contrat simplement civil. Écrivain peu scrupuleux, il dénaturait le texte du Concile de Trente. Aussi bien, le savant Benoît XIV le décora-t-il de deux titres flatteurs : « Menteur impudent et écrivain méprisable » (2).

(1) Dissertatio de Commentitio Lazari. Magdalenæ in Provinciam appulsu. Editio 1660.
(2) Launoyum impudentissime turpissimeque mentitum. Benedictus XIV. De Festis, lib. II, cap. 15, n° 12.

L'écrit de Launoy, par sa surprise et son audace, causa d'abord quelque trouble ; mais, comme le vieux chêne qui tient plus fort contre la tempête, la Provence est restée fidèle à ses croyances séculaires. Plus ardemment que jamais, à la suite de ses évêques, elle proclame que les amis de Jésus, les hôtes de Béthanie, vinrent lui annoncer l'Evangile.

En 1903, L. Duchesne, professeur à l'Institut, puis Directeur de l'Ecole française, Prélat et Académicien, renouvela l'attaque de Launoy, dans un écrit ayant pour titre « La Légende de sainte Marie-Madeleine » (1).

Ce titre était une injure ; n'était-il pas une injustice ?

Je le demandais à Mgr. Duchesne, dans une visite que j'eus l'honneur de lui faire, à Rome, au palais Farnèse, en 1906.

Il me répondit : Vous avez toujours le droit de défendre vos traditions.

Je répliquais : Et vous, Monseigneur, n'aviez-vous pas le devoir de ne les combattre qu'avec des armes sûres et loyales ?

J'avais conçu l'espoir que l'adversaire serait un jour un allié.

L'est-il devenu ?

L'Echo de Notre-Dame de la Garde (numéro du 1er juin 1924) assure que, vers la fin de sa vie, Mgr Duchesne reconnaissait le tort qu'il avait eu

____

(1) *Annales du Midi*, Toulouse 1903.

d'écrire contre les traditions des Églises de France et de Marseille en particulier.

S'il avait rendu publics ses regrets, ç'eût été la fin de la controverse testamentum pacis.

Mais, ses disciples ont renouvelé le combat en rééditant ses affirmations, sans tenir aucun compte des réponses que leur ont opposées les défenseurs.

Il y a eu même explosion d'éloges pour sa fâcheuse Légende, comme si elle avait été la plus glorieuse de ses œuvres.

M. Adhémar d'Alès a vanté « son culte pour la vérité scientifique, dont on cite peu d'exemples aussi achevés et sa probité intellectuelle, pratiquée dans une telle mesure qu'elle est une haute vertu » (1).

M. l'abbé Henri Brémond, dans son discours de réception à l'Académie, haussait encore le diapason :

« Parmi tous les savants, même français, de sa génération, l'on n'en connaît pas qui se soit montré plus sourd aux sirènes de l'hypothèse. Il n'a jamais rien affirmé dont il ne fût trois fois sûr... Toute hardiesse l'effrayait...

« Les hommes du métier admirent les raccourcis de sa méthode et la promptitude de ses décisions. A peine l'a-t-on vu se mettre en marche que déjà il touche le but.

(1) *Etudes Religieuses* (30 janvier 1911).

« *il aurait voulu qu'il n'y eût plus deux scien-*
ces ; l'une allègre et franche réservée aux esprits
qui se disent libres, l'autre pleureuse et honteuse
à l'usage des croyants ».

M. Goyau a voulu aussi décocher cette épi-
gramme que je ne reproduis qu'avec le plus pro-
fond regret :

« *S'agenouillant devant certains sarcophages du*
cinquième ou sixième siècle, la piété provençale
contemporaine de saint Louis, acheva de convain-
cre toute l'Eglise d'Occident que, sur les côtes de
Provence, avaient autrefois débarqué Lazare et
Marie-Madeleine (1).

M. Vacandard, dans un copieux article, (2),
vient de déclarer « qu'avant comme après la criti-
que de ses contradicteurs, la « Légende » est un
bloc solide et inébranlé. »

Cet article est, à peu de chose près, le même
qu'il publia, en 1912, dans la Revue du Clergé
français.

Dans cette Revue, il y avait une « Tribune li-
bre », où étaient admises les « réponses ». Ayant
demandé d'y introduire la mienne, M. Vacandard
m'écrivait :

« *Diverses interventions épiscopales sont de na-*

(1) L'Histoire religieuse de France : *Revue des Deux-*
Mondes, 15 avril 1922, p. 16, 17, 18.
(2) *Revue des Questions historiques* (fascicule trimes-
triel d'avril 1924).

ture à gêner désormais la libre discussion du problème d'histoire que soulève votre volume. »

Il ajoutait : « En toute sincérité, votre livre ne m'a pas convaincu. J'estime qu'il laisse debout la thèse de Mgr. Duchesne. Sans doute, vous relevez fort bien certaines parties faibles de sa documentation. Mais ce sont là des points secondaires qui n'atteignent pas le fond de la question. »

Si M. Vacandard revient à l'attaque de nos traditions, c'est que les « diverses interventions épiscopales » ont perdu leur effet, et que « sur ce sujet, ouvrir un nouveau débat, ce n'est plus soulever de scandale » (1).

J'espère donc qu'il tiendra compte des réponses que donnent les défenseurs et qu'il voudra leur dire, en « toute sincérité » ce qui de la thèse de son maître reste encore inébranlé.

Aller contre Duchesne, ce Goliath dont le front est « non pas lourd, mais gonflé de science » (2), alors que je ne suis qu'un combattant bien faible et inconnu, c'est exciter la pitié dédaigneuse des chefs philistins.

Assurément, je n'ai pas la sotte prétention de renverser leur colosse ; je ne vise que la « Légende », parce que j'y ai vu contre nos traditions des erreurs et des mensonges ; et si les quelques pierres que j'ai choisies parviennent à ébranler, ce bloc, qu'importe la main qui les aura lancées.

(1) *Semaine religieuse de Fréjus*, 19 février 1912.
(2) Henri Brémond. Discours de réception.

Provocateurs du nouveau combat, que les adversaires en soient les arbitres ; que leur sentence soit prononcée avec le seul amour de la vérité et de la justice.

Ayant examiné nos raisons, qu'ils disent si « La Légende de sainte Marie-Madeleine » ne doit pas être répudiée, comme indigne de figurer encore parmi les nobles et savants travaux qui ont mérité à Duchesne tant de reconnaissance et de gloire ?

J. BÉRENGER.

PREMIÈRE PARTIE

MARIE MADELEINE EN ORIENT ?

CHAPITRE PREMIER

Le Relief de Marie de Béthanie

Contre Marie de Béthanie, Duchesne débute par trois affirmations (1).

1° Elle a peu de relief dans les traditions grecques ;

2° Elle a été négligée dans les calendriers ;

3° Elle n'a point de sanctuaire spécial.

Ces affirmations reçoivent des démentis catégoriques.

§ 1. — *Les Ecrits.*

Les Pères des premiers siècles célèbrent sa gloire.

1° *Saint Éphrem* (première moitié du IV° siècle) : « Une femme pécheresse arrosa d'une pluie de larmes les pieds du Créateur ; elle les essuya avec ses cheveux et les oignit d'un parfum... Jésus était couché à table : elle répandit un parfum sur sa tête et l'odeur embaumée remplit la salle du festin. Les convives s'en irritent et l'on commence aussitôt de disputer le prix de ce nard précieux. ...O vous, mon Rédempteur, exaucez-moi, comme vous l'avez fait pour cette pécheresse Ma-

____

(1) *La Légende* (pages 3 et 4).

rie. Qui nous dira par quelle sainteté et quelle passion pour la vertu, elle a partagé, à la fin, la gloire des apôtres et des évangélistes ?... La voilà celle qui fut, pour un grand nombre, une pierre de scandale, une cause de naufrage et de ruine déshonorante ! Maintenant, elle est associée à l'œuvre des apôtres et elle brille d'un éclat resplendissant (1). »

C'est bien de Marie de Béthanie qu'il s'agit dans ce discours. Les preuves en sont : l'onction faite sur les pieds du Sauveur ; la maison embaumée ; les murmures des convives ; détails contenus dans le récit de saint Jean. Marie de Béthanie est, d'après saint Ephrem, la femme pécheresse, et elle est associée à l'œuvre des apôtres... Elle a donc quelque relief.

C'est dans la ville d'Edesse, devenue, depuis la ruine de Nisibe, le centre intellectuel le plus important de la Mésopotamie, que retentissait l'éloquente parole du diacre Ephrem. Son autorité était si grande, qu'au dire de saint Jérôme, « on li-

____

(1) « Femina peccatrix Conditoris sui pedes depluentium oculorum rore lavit, capillis suis tersit, unguento lenivit... Christi decumbentis capiti unguentum infudit. Deinde spirans triclinium complevit, convivas rapuit : mox de pretio disceptari cœptum est... Tu autem exaudi me, Redemptor meus, ut illam peccatricem Mariam... Qui factum dicamus ut vitæ sanctitate et virtutis studio apostolorum et evangelistarum gloriam in fine adæquavit ? quæ erat scopulus et lapis offensionis multorum naufragio et ruina infamis, modo apostolorum ædificio inserta aureâ luce rutilat. » (S. Ephrem, *Syriac.*, t. II, 408.)

sait publiquement dans les églises, ses écrits, après les Livres inspirés » (1). Et l'on peut dire qu'avec ce chef jeune et incontesté, toute l'école d'Edesse, illustre quasi à l'égal de celles d'Antioche et d'Alexandrie, avait voulu admirer « l'auréole d'or », *aurea luce*, qui brillait déjà au front de Marie de Béthanie.

2° *Saint Jean Chrysostome* (IVᵉ siècle) :

« Jésus-Christ prend plaisir dans les parfums de cette femme, parce qu'il connaissait son cœur et qu'il voyait, avec quelle foi, elle lui offrait ce sacrifice. Les disciples, qui ne pouvaient porter leur connaissance aussi loin que le Sauveur, ni pénétrer, comme lui, dans le cœur de cette femme, l'accusent et la blâment de cette profusion ; et ils ne font autre chose, par leurs accusations, que nous faire mieux connaître la magnificence de son zèle, en disant qu'on aurait vendu ce parfum trois cents pièces d'argent. Mais Jésus-Christ étouffe leurs injustes plaintes, en leur disant : « Pourquoi « tourmentez-vous cette femme ? Ce qu'elle vient « de me faire est une bonne œuvre. Car vous avez « toujours des pauvres avec vous, vous ne m'aurez « pas toujours. Lorsqu'elle a répandu son parfum « sur mon corps, elle l'a fait pour ma sépulture.

---

(1) « Ephræm Edessenæ ecclesiæ diaconus, multo yro sermone composuit ; et ad tantam venit claritudinem, ut post lectionem Scripturarum publicè in quiusdam ecclesiis ejus scripta recitantur. » (S. Jérôme, *e Scriptoribus ecclesiasticis*, n° 115.)

« Je vous le dis en vérité que, par le monde entier
« où sera prêché cet évangile on racontera, à sa
« louange, ce qu'elle vient d'accomplir »..

« Ce que Jésus-Christ a prédit est arrivé ; et en
quelque endroit de la terre qu'on puisse aller aujourd'hui, on y voit louer la foi et l'action de cette
femme... Qui donc a pu relever l'action de cette
femme et la faire entendre à tous les peuples, sinon la force et la toute-puissance de Celui qui
l'avait ainsi prédit (1) ? »

3° *André*, archevêque de Crète (vii* siècle), au
jour de la solennité de la résurrection de Lazare :
« Qui donc a célébré dignement cette fête ? qui
s'est comporté comme Marthe ? qui a imité Marie ?
qui, comme elle, a offert au Christ ses larmes
échangées en pierres précieuses ? quelle est l'âme
ainsi pleine d'amour pour Dieu, qui s'est procuré
les plus précieux parfums, pour oindre le Seigneur dans la Cène ? qui est-ce qui, se tenant,
comme elle, à ses pieds, a répandu le parfum sur
la tête du Sauveur et en a arrosé ses pieds, en
même temps qu'avec ses larmes ? qui est-ce qui a
entendu de ses oreilles cette douce et miséri-

(1) « Ecce enim id quod dixit factum est et quocum-
que terrarum ibi hanc mulierem prædicari audias...
Quod meretrix oleum effuderit in domo leprosi decem
viris præsentibus : id est per orbem cantant omnes
ac post tantum temporis rei gestæ memoria non minui-
tur... » (*In Matthæum homilia*, LXXX, traduction de
Jeannin, t. VIII, p. 19, L. Gérin, Bar-le-Duc, 1865.)

cordieuse parole : *Tous les péchés sont pardonnés ? (1)*»

§ 2. — *Les Calendriers.*

Marie de Béthanie n'a pas été négligée dans les calendriers, autant que l'affirme Duchesne.

Lui-même reconnaît que « dans le martyrologe hieronymien, on trouve, au 19 janvier, *Hierosolymæ, Marthæ et Mariæ Sororum Lazari* », que ces mots étaient attestés dans tous les manuscrits qui remontent à l'année 590.

Il reconnaît aussi que peut-être même, depuis le huitième siècle : « les martyrologes s'accordaient à marquer la fête de sainte Madeleine au 22 juillet et que, au dixième siècle, les calendriers grecs donnent la même date pour la même fête et qu'il est moralement sûr qu'ils ne l'ont point empruntée aux Latins (2). »

Ailleurs, Duchesne a conclu que Marie de Béthanie a été négligée dans le calendrier grec, de ce qu'elle n'avait pas de sanctuaire spécial ; mais,

(1) « Quis ergo hanc solemnitatem congrue celebravit ? Quis se velut Martha gessit, quis Mariam est æmulatus sorores illas Lazari ? Quis sicut illa bonas margaritas lacrymis emit ac obtulit Christo... ? Quæ anima sic Dei amans cœnantem ungat Dominum ? Qui ita stans Jesus illius pedes intacto adeffudit capiti : actum pedes unguento et lacrymis rigavit ? Quis clementem illam ac glandam vocem : « remittuntur tibi peccata » suis ipse auribus audivit ? » (S. André de Crète, *Biblioth. Patrum*, t. X, p. 644.)

(2) *La Légende*, p. 4.

comme elle avait une fête dans quatre sanctuaires, en annonçant sa fête, on ne la négligeait pas.

§ 3. — *Les Sanctuaires.*

Le culte et le souvenir de Marie de Béthanie étaient en honneur dans quatre sanctuaires.

1° En 333, le *Pèlerin de Bordeaux* signale la crypte où fut enseveli Lazare, que le Seigneur avait ressuscité. Elle était à quinze cents pas de Jérusalem, à l'orient (1). Du temps de saint Jérôme, une église s'élevait au-dessus de ce caveau funèbre. « Le bourg de Béthanie, dit-il, est situé dans le second milliaire de Jérusalem, du côté du mont des Oliviers ; c'est là que le Sauveur ressuscita Lazare. Une église est construite à l'endroit même de ce tombeau (2). »

Cette crypte et cette église reçurent des premiers chrétiens le nom de *Lazarium*, que les Arabes ont étendu plus tard à tout le bourg de Béthanie, qui s'appelle encore aujourd'hui *El-Azarieh* (3).

Duchesne reconnaît que « dans l'antiquité chrétienne le souvenir de Lazare et de ses deux sœurs

---

(1) « Inde ad Orientem passus mille quingentos est villa quæ appellatur Bethania : est ibi crypta ubi Lazarus positus fuit quem Dominus suscitavit. » (*Itin. lat.*, t. I, p. 18.)

(2) « Bethania villa in secundo ab Ælia milliario montis Oliveti, ubi Salvator Lazarum suscitavit, cujus et monumentum ecclesia nunc ibidem exstructa demonstrat » S. Jerôme, *De situ et nominibus*, t. XXIII, col. 884.)

(3) Victor Guérin, *La Terre Sainte*, t. I, p. 154.

était consacré par cet édifice religieux » (1). C'est déjà quelque chose ; mais il ne nous apprend pas que ce souvenir se traduisait, dans l'année, par une fête toute spéciale en l'honneur de Marie, et qui lui donnait quelque relief.

Nous tenons ce précieux renseignement d'une dame gauloise qui, au quatrième siècle (385-388), visita les Lieux-Saints de la Palestine. L'authentique récit de ses pèlerinages a été découvert, en 1885, dans la bibliothèque d'Arezzo, par le paléographe Gamurrini qui l'a livré au monde savant, sous le titre : *S. Silviæ Aquitaniæ Peregrinatio ad Loca sancta* (2).

Silvia va donc au *Lazarium*. « Avant la messe, on annonce la Pâque. Pour cela, le prêtre monte sur un siège plus élevé et y lit le passage de l'Evangile : *Lorsque Jésus fut venu à Béthanie six jours avant Pâques*, et le reste... Et l'on fait cette cérémonie en souvenir de ce qui, d'après l'Evangile, fut accompli à Béthanie, six jours avant Pâques (3). »

Or, tous savent quelle est cette scène si suavement racontée par saint Jean : « Six jours avant

----

(1) *La Légende*, p. 2.

(2) *Biblioteca dell'Accademia storico-giuridica*, t. IV, Roma, 1887 : Gamurrini, *Peregrinatio S. Silviæ Aquitaniæ ad Loca sancta.*

(3) « Iam autem, ut fiat missa, denuntiatur Pascha, id est, subit presbyter in altiori loco et leget illum locum qui scriptus est in Evangelio : *Cum venisset Iesus in Bethania ante sex dies Paschæ* et cetera... Propterea autem ea die hoc agitur, quoniam sicut in

Pâques, Jésus vint à Béthanie où était Lazare, qu'il avait ressuscité. Le soir, on lui donna un repas. Marthe faisait le service, et Lazare était au nombre des convives. Quant à Marie, elle prit une livre d'huile de nard pur, de grand prix ; elle en oignit les pieds de Jésus, les essuya avec ses cheveux ; et la maison tout entière fut remplie de l'odeur de ce parfum (1). »

Marie avait donc déjà une fête spéciale dans le *Lazarium* ; et les premiers chrétiens étaient heureux de réaliser sitôt la prophétie du Sauveur, annonçant que « l'action de cette femme serait célébrée partout (2). »

2° Il y avait un second lieu saint, à l'emplacement de la maison de Marie et de Marthe. Saint Jérôme le désigne, en racontant les divers pélerinages de Paula : « Après avoir pénétré dans le tombeau de Lazare, elle alla vénérer la maison de Marie et de Marthe », *Post ingressa sepulcrum Lazari, Mariæ et Marthæ vidit hospitium* (3).

Ce texte, qui paraît à Duchesne « oratoirement obscur » (4), indique bien nettement deux sanctuaires distincts : car le tombeau ne pouvait être

Evangelio scriptum est, ante sex dies Paschæ factum fuisset in Bethania... » (*Ibidem*. — Voir aussi le texte de Duchesne, *Les Origines du culte chrétien, Appendice*, p. 483.)

(1) S. Jean, XII, 1-3.
(2) S. Matthieu, XXVI, 13.
(3) S. Jérôme, *Peregrinatio Paulæ*, XIII.
(4) *La Légende*, p. 3, note 1.

creusé dans la maison des deux sœurs. L'on voit, en effet, par le récit évangélique, qu'il était à quelque distance de l'*hospitium*, puisque « les Juifs, qui étaient dans la maison de Marie et la consolaient, la voyant se lever promptement et sortir, la suivirent, disant : « Elle va au sépulcre pour y « pleurer. (1) »

Marie avait donc là un sanctuaire spécial : car ce serait jouer sur les mots que de nier qu'une église, dont deux saints sont ensemble les titulaires, soit bien pour chacun de ces saints, un sanctuaire spécial.

3° « La maison de Simon le lépreux fut aussi, dès les premiers siècles du christianisme, transformée en église ; et on y montrait le lieu précis où Notre-Seigneur avait reçu Marie-Madeleine. Cette église est aujourd'hui en ruines. Cependant on la reconnaît encore aux trois absides qui en restent (2). »

Après les Croisades, Wilbrand d'Oldenbourg vit cette église gardée par les Sarrasins ; le moine Burkard, du mont Sion, y vénéra aussi l'endroit où Marie-Madeleine, exemple de la pénitence, embrassa les pieds du Seigneur, demanda et obtint le pardon de ses péchés (3). Et Ludolphe de

____

(1) S. Jean, XI, 31.
(2) Lievin de Héraumne, *La Terre Sainte*, 1re partie p. 366 ; *Cartulaire du Saint-Sépulcre*, p. 221.
(3) « Unam (ecclesiam) in quâ aliquando erat domus Simonis leprosi. In illa vidimus locum ubi Maria Magdelena exemplum pœnitentiæ amplexata pedes Domini

Sudheim, en 1342, vit encore debout l'église où le Christ, dans la maison de Simon, fut oint par Marie-Madeleine (1).

4° Un quatrième sanctuaire était *spécialement* consacré à Marie de Béthanie. Il était même à l'endroit où elle alla au-devant de Jésus. Le témoignage de Silvia est le premier qui nous fasse connaître l'existence de cette église.

Voici son texte : « En allant de Jérusalem au *Lazarium*, à cinq cents pas de ce dernier endroit, il y a *une église bâtie au lieu même où Marie, sœur de Lazare, alla au-devant de Jésus.* »

« *Euntibus autem de Ierosolyma in Lazarium, ad quingentos passus de eodem loco est structa ecclesia in eo loco in quo accurrit Domino Maria, soror Lazari.* »

Ce texte a été reproduit exactement par Duchesne, à la fin de son ouvrage : « *Les origines du culte chrétien* ».

Le voici : « *Euntibus autem de Ierosolyma in Lazarium forsitan ad quingentos passus de eodem loco ecclesia est in strata in eo loco in quo occurrit Domino Maria soror Lazari* ».

Donc, Duchesne, à cette époque, reconnaissait l'existence de ce sanctuaire spécial qui ne l'embarrassait guère.

graciam quesivit et obtenuit. » (Wilbrand de Oldenbourg *Peregrinatio*, X. — Burkard, *Descriptio Terræ Sanctæ*, 59.)

(1) Vigouroux, *Dictionnaire de la Bible*, article : Béthanie, col. 1657.

Mais, quand il a voulu s'en prendre à nos traditions, ce sanctuaire qui donnait à Marie quelque relief, le gênait ; et il a trouvé tout logique de le lui soustraire : car voici ce qu'il en dit dans la « Légende » :

« Au temps de Théodose, la *Peregrinatio Silviæ* distingue deux églises, dont l'une située à cinq cents pas, avant l'entrée du village, marquait l'emplacement de la rencontre entre *Jésus* et *Marthe*. Cette église était consacrée uniquement au souvenir de *Marthe* (1). »

Dom Cabrol, prieur de Solesmes, avait écrit, en 1895 : « Peut-être n'a-t-on pas recherché avec assez de soin les renseignements historiques nouveaux que renferment les pages de la *Peregrinatio Sylviæ*. »

« Et tout d'abord, pour la topographie ecclésiastique de Jérusalem, au IV° siècle, la *Peregrinatio* nous permet d'établir le véritable emplacement des principaux édifices sacrés, à cette époque, et de rectifier ainsi, sur plusieurs points, l'opinion des plus savants archéologues.

« Il nous faut citer, parmi les sanctuaires où avaient lieu les stations liturgiques, deux églises à Béthanie. La première à deux milles environ au sud-est de Jérusalem, à l'endroit même où *Marie*, sœur de Lazare, rencontre le Sauveur. Le second

(1) *La Légende*, p. 2.

édifice dont nous parle encore cette voyageuse, est celui du *Lazarium*, église de Lazare.

« On connaissait déjà par les itinéraires, deux autres sanctuaires à Béthanie : celui de la maison de Marthe et de Marie, et celui de la maison de Simon le lépreux (1). »

Si Duchesne voulait retrancher les trois sanctuaires où cependant Marie de Béthanie avait un culte affirmé par des documents incontestables, pourquoi a-t-il retranché celui qui lui était *spécialement* et *uniquement* consacré pour l'attribuer spécialement et uniquement à Marthe ?

Et pourquoi, ayant interpolé ce texte une première fois dans la « Légende », a-t-il reproduit cette interprétation dans l'appendice de ses « Fastes Épiscopaux » ?

Quand on attaque les traditions séculaires d'un peuple, on ne doit pas recourir à la tromperie.

Et je demande à M. Henri Brémond, si c'est là qu'on admire la probité intellectuelle de Duchesne élevée à la hauteur d'une vertu ?

____

(1) Dom Cabrol : *Les églises de Jérusalem*, 1895. Oudin,

CHAPITRE DEUXIÈME

Identité de Marie de Béthanie et de la Pécheresse

Dans nos traditions provençales, Marie, sœur de Lazare et de Marthe est la pécheresse dont saint Luc raconte l'onction dans la maison de Simon le Pharisien (VII, 36) ; la Marie, surnommée Madeleine qui suivait Jésus (VIII. 2), la Marie-Madeleine du Calvaire, du tombeau, de la résurrection.

Contre cette identité, Duchesne (1) a dit : « Les Grecs ont *toujours* distingué Marie-Madeleine de Marie de Béthanie ».

Il ne produit aucun texte. A son affirmation, nous en opposons de tous les siècles :

IIe *siècle* (seconde moitié). — *Clément d'Alexandrie :* « Je sais qu'une femme, ayant apporté un vase d'albâtre plein de parfum, le répandit sur les pieds du Seigneur *et que cette action lui fut agréable...* Mais c'était une femme non encore participante du Verbe (car elle était *pécheresse*). Ayant pris ce qu'elle avait de plus précieux : un parfum, elle en fit hommage au Seigneur. Elle se servit de ses cheveux, l'ornement de son corps, pour es-

(1) *La Légende*, p. 4.

suyer les pieds de Jésus à qui elle offrit, en même temps, *les larmes de la pénitence : c'est pourquoi ses péchés lui sont remis... Cela peut aussi représenter sa Passion* (1). »

Où est la distinction ? Dans le récit d'un repas unique, Clément ne donne pas le nom de la pécheresse ; mais dire que l'action du vase d'albâtre fut agréable à Jésus ; faire allusion à ces paroles : « Elle a réservé ce parfum pour ma sépulture, *ut in diem sepulturæ meæ servet illud* », n'est-ce pas se faire l'écho des paroles évangéliques adressées à Marie, la sœur de Lazare (2) ?

IIIe *siècle* (première moitié). — *Origène :* « Un *grand nombre d'interprètes* pensent qu'il s'agit d'une seule et même personne, parce que les quatre évangélistes qui ont rapporté ce fait d'une femme ont tous semblablement nommé le vase d'albâtre... Il y a donc une grande ressemblance

---

(1) « Scio quod cum (unguenti alabastrum) ad sanctam cœnam mulier attulisset, unxit pedes Domini, et eum delectavit... — Sed mulier quidem, quæ Verbi nondum fuerat particeps (erat enim adhuc peccatrix) eo quod apud se esse pulcherrimum existimabat, nempe unguento, honoravit Dominum : itaque etiam ornamento corporis, nempe capillis suis, abstergit unguentum quod redundabat, libans Domino lacrymas pœnitentiæ : propterea ejus « peccata remissa sunt »... Potest autem hoc esse signum ejus Passionis. » (*Patr. grecque* de Migne, VIII, col. 466.)
(2) S. Jean, XII.
(3) « Multi quidem existimant de unâ eâdemque muliere quatuor evangelistas exposuisse, quia conscripserunt tale aliquid de muliere, et omnes similiter

et comme un accord dans les quatre évangélistes...
(3). »

III *siècle* (première moitié). — *Ammonius* (extrait de l'*Harmonie*) : Six jours avant Pâques, Jésus vint à Béthanie, où était mort Lazare qu'il avait ressuscité ; et comme il était dans la maison de Simon le lépreux, on lui donna dans ce lieu, un repas... Marthe y servait et Lazare était un des convives. Or, *Marie* prenant un vase d'albâtre qui renfermait un parfum de nard pur et de grand prix, le rompit et, répandant ce parfum sur la tête de Jésus pendant qu'il était à table, lui oignit aussi les pieds, qu'elle essuya avec ses cheveux ; et toute la maison se trouva embaumée de l'odeur de ce parfum... Or, le pharisien qui avait invité Jésus, voyant ces choses, se mit à dire en lui-même : Si celui-ci était prophète, il saurait fort bien que *cette femme* qui le touche est une *pécheresse*. Alors Jésus, répondant à sa pensée, lui dit : Simon, j'ai quelque chose à te demander. — Parlez, maître, lui dit-il. — Un créancier avait deux débiteurs... C'est pourquoi je te le déclare : beaucoup de péchés lui seront remis, parce qu'elle a beaucoup aimé. Celui à qui on fait une moindre remise aime moins. Il dit ensuite à cette femme : Tes péchés te sont pardonnés (1). »

alabastrum unguenti nominaverunt... Multa ergo similitudo et cognatio quædam de muliere apud quatuor evangelistas. » (Migne, *Patrol. grecque*, t. XIII, col. 1726, n° 77 : *Commentariorum series in Matthæum*.)
(1) *Bibliotheca Patrum*, t. XIX, p. 732.

Ici, Marie, sœur de Lazare, n'est-elle pas nettement confondue avec la pécheresse à qui les péchés sont remis ? L'unité des deux Maries peut-elle être plus formellement indiquée ? Or, nous n'avons pas là un de ces discours où l'abondance du langage couvre parfois l'exactitude du texte. Non, c'est un traité fait exprès, se composant exclusivement des récits évangéliques et qui, au témoignage d'Eusèbe de Césarée, demanda long travail et grande sagacité (1).

IVe siècle (première moitié). — *Eusèbe de Césarée :*

MATTHIEU	MARC	LUC	JEAN
CCLXXVI	CLVIII	LXXIV	XCVIII
ÉDITION MODERNE	ÉDITION MODERNE	ÉDITION MODERNE	ÉDITION MODERNE
Ch. XXVI (6-11)	*Ch. XIV (3-7)*	*Ch. VII (36-50)*	*Ch. XII (1-8)*
Jésus étant à Béthanie, dans la maison de Simon le lépreux, une *femme s'approcha* de lui, portant un vase d'albâtre.....	Jésus étant à Béthanie, dans la maison de Simon le lépreux, une *femme s'approcha* de lui pendant qu'il était à table	Un pharisien pria Jésus de manger chez lui. Et voilà qu'une *femme pécheresse* de cette ville, portant un vase d'albâtre...	On lui fit un souper à Béthanie... Marthe servait... Lazare était à table. *Marie, sa* sœur, prit une livre de nard pur.

Ce tableau a son éloquence. Si, comme le dit saint Jérôme, « dans le premier canon concordent les quatre évangélistes » (2), la pécheresse de saint Luc sera la même que la Marie de saint Jean, la

---

(1) « Testantur id etiamnum lucubrationes viri illius ob ea quæ reliquit ingenii monumenta celeberrimi. » (Eusèbe de Césarée, *Hist.*, liv. VI, chap. XIX.).

(2) « In canone primo concordant quatuor Matthæus, Marcus, Lucas, Joannes. » (Saint Jérôme, t. I. col. 1426.)

sœur de Lazare, faisant l'onction de la dernière cène, comme le racontent Matthieu et Marc.

IVe *siècle* (seconde moitié). — *Apollinaire*, évêque de Laodicée : « *Marie* est le type de l'Eglise des gentils (en tant qu'elle *a été délivrée de sept malins esprits*, comme la gentilité a été délivrée des démons. Celle-ci porte dans le monde sa foi en la mort du Christ, comme un parfum de suave odeur... et elle en remplit l'univers entier (1). »

Voilà la Marie de Béthanie, identifiée à l a Marie-Madeleine délivrée des sept démons.

Victor d'Antioche qui avait sous les yeux les ouvrages d'Apollinaire et de Théodore de Mopsueste, nous donne leur sentiment : « Apollinaire et Théodore soutiennent que, dans les quatre évangiles, il s'agit d'une seule et même femme (2). »

Duchesne ne peut nier l'autorité de Théodore, après lui avoir consacré ces lignes si élogieuses : « Pour apprécier sa valeur, il faut tenir compte d'abord de la science étendue, de l'intelligence élevée de Théodore, des conditions particulièrement favorables où il s'était trouvé pour être bien

---

(1) « Maria refert typum Ecclesiæ ex gentibus (utpote a dæmonibus liberatæ sicut ex hâc septem dæmonia egressa sunt) quæ instar odoris suavissimi fidem Christi morti defert, ejusdemque virtute caput suum studio et amore ejus salutari imbuens mundum hunc universum odoris suavitate replevit. » (*Catena Patrum Græcorum, in Joannem,* cap. XII.)

(2) Apollinaris autem et Theodorus unam eamdemque ab evangeliis omnibus memoratam putant. » (*Bibliot. Patrum,* IV, 406.)

renseigné sur les choses de son temps. Elevé à Antioche, il avait exercé longtemps le ministère presbytéral dans cette grande ville (1). » J'ajoute qu'il était spécialement adonné à l'étude et à l'enseignement des Ecritures.

IX⁰ *siècle*. — *Amphiloque*, métropolitain de Cyzique : « Elle embrassa les pieds sacrés de Jésus, participant ainsi à son corps comme Jean, qui reposa sur la poitrine du Sauveur... O pharisien, pourquoi irriter le Seigneur contre les péchés des autres, au lieu de demander pardon pour les tiens ? pourquoi osez-vous vous en prendre à Jésus ? toi, pharisien, comme si tu étais pur de toute faute ; et toi, Judas, qui, voulant paraître aimer les pauvres, demandes avec une fausse indignation : Pourquoi cette perte, puisqu'on aurait pu vendre ce parfum ?... (2). »

Ici l'identification est encore bien évidente, puisque la pécheresse contre laquelle s'irrite le pharisien, est la même contre laquelle Judas s'est indigné hypocritement, au repas de Béthanie, six jours avant Pâques.

Aux XII⁰ et XIII⁰ siècles, Wilbrand d'Oldenbourg

(1) Duchesne, *Fastes épiscopaux*, p. 37.

(2) « Amplexata est pedes : Christi corpus cum Joanne partita... O pharisæe, quid Dominum exasperas in alienis criminibus, qui in propriis veniam petas ? quid tu Judas qui convenistis, ut tentaretis Dominum ? tu quidem velut mundus a sorde, detrahens homini pro peccatis : ille autem seu pauperum amans indignatur dicens : Ut quid perditio ista unguenti ? poterat enim venundari multo. » (S. Amphilochii *Opera*, 1644, p. 76, 78.)

et le moine Burkard du mont Sion identifient Madeleine la pécheresse avec Marie, sœur de Lazare, qui a versé le parfum et ses larmes dans la maison de Simon le lépreux ; et l'auteur des *Lieux Saints* de Jérusalem, publiés en grec par Léon Allatius, appelle « Marthe et Madeleine, les sœurs de Lazare (1). »

Dans les siècles suivants, la même tradition s'est-elle maintenue én Orient ? Le jour de la fête de sainte Marie-Madeleine, le 22 juillet, trouvez-vous à Béthanie. Dès l'aurore, mêlez-vous à la foule qui, sous la conduite des officiants, va au tombeau de Lazare. Assistez à la messe solennelle et entendez le chant des Evangiles : « Une femme pécheresse ayant appris que Jésus était à table » (*Saint Luc*, VII). — « Six jours avant Pâques, Marie, sœur de Lazare, prit une livre d'huile de nard pur » (*Saint Jean*, XII). — C'est la proclamation publique de l'identification des deux Maries.

Dira-t-on que ce n'est là qu'une procession de moines, comme il y en a tant dans tous les sanctuaires de la Palestine ? Mais la même procession et la même fête, avec l'évêque, les moines et le peuple, avaient déjà lieu au IVe siècle, comme nous l'a appris Silvia ; et c'est encore aujourd'hui la même croyance qui inspire la même solennité. « Car, dit Clermont-Ganneau, membre de l'Institut, les moines latins, dont la critique a quelquefois le tort de traiter trop cavalièrement les infor-

(1) Leonis Allatii *Symonicta*, Coloniæ, 1653.

mations, sont restés les gardiens fidèles de la tradition, telle qu'elle était constituée à l'époque des Croisés » (1).

Enfin, pour faire entendre, dans ce concert de témoignages, une voix du siècle qui vient de finir, je citerai Mgr. Maximos Mazloum, patriarche d'Antioche, d'Alexandrie, de Jérusalem et de tout l'Orient et que l'Eglise grecque considère comme une de ses gloires.

« Sainte Marie-Madeleine est-elle la même que Marie, sœur de Lazare que Notre-Seigneur a ressuscitée, ou bien n'est-elle que cette pécheresse dont parle l'évangéliste saint Luc, laquelle a oint de parfums les pieds de Jésus ? Ces trois noms désignent-ils trois personnes différentes ou bien une seule et même personne ?

« Nous partageons l'opinion de saint Grégoire le Grand qui fait des trois Maries une seule et même personne, c'est-àdire que Marie de l'Evangile est à la fois Marie-Madeleine, Marie sœur de Lazare et Marie la pécheresse. Il semble que l'Eglise universelle, grecque et latine, qui en ce jour (22 juillet) célèbre sa fête glorieuse n'a qu'*un même sentiment*, comme cela ressort des prières de l'office qu'on dit en son honneur... (2). »

---

(1) *Les Splendeurs de la Terre Sainte*, par Sodar de Vaulx, 1889, p. 328.

(2) *Kitâb al-kinz at-tamine fi akhbar alkadissine* (La Vie des Saints), Beyrouth, 1869, t. III, p. 360. — Passage traduit par M. Kayata, archimandrite de l'église de Saint-Nicolas de Myre (rite grec-uni catholique), à Marseille.

Il y aurait d'autres textes à citer, mais ceux qui viennent d'être donnés sont plus que suffisants. Duchesne n'en a pu fournir un seul. Et peut-être est-ce là que « les hommes du métier ont le plus admiré la méthode de ses raccourcis ».

CHAPITRE TROISIÈME

Identité de Marie de Béthanie et de la Pécheresse prouvée par le Texte Evangélique

A cette proposition, qu'on ne m'accuse ni de présomption, ni d'audace. Je fais appel à la loyauté des lecteurs pour constater que je ne poursuis qu'un but : le triomphe du texte sacré.

Ce texte est le verset de saint Jean (XI, 2).

(XI.2) Ἦν δὲ Μαρία ἡ ἀλείψασα τὸν κύριον μύρῳ καὶ ἐκμάξασα τοὺς πόδας αὐτοῦ ταῖς θριξὶν αὐτῆς, ἧς ὁ ἀδελφὸς Λάζαρος ἠσθένει.

« Cette Marie était celle qui *avait oint* le Seigneur d'un parfum et qui *avait essuyé* ses pieds avec ses cheveux. Lazare son frère était malade. »

Le participe *aoriste* se rapporte à une onction accomplie antérieurement au temps où saint Jean met ici en scène Marie, sœur de Lazare.

Or, antérieurement, il n'y a eu que l'onction racontée par saint Luc (VII, 36) et accomplie par la pécheresse.

Donc, Marie de Béthanie est identifiée à la pécheresse.

Il ressort des saints évangiles qu'il n'y a que deux onctions, faites sur le Sauveur.

Saint Luc raconte la première faite par une pécheresse ; saint Matthieu, saint Marc, saint Jean racontent la seconde avec tant de points de ressemblance qu'il est impossible de ne pas voir que, dans ces trois récits, il s'agit du même événement.

Voyez ces passages : saint Luc (VII, 36-48) ; saint Matthieu (XXVI, 6-13) ; saint Marc (XIV, 3-9) ; saint Jean (XII, 2-9).

Qu'il n'y ait eu que ces deux onctions, cela est évidemment démontré par ces textes, et l'on ne comprend guère que Bossuet, dans le récit de saint Matthieu et de saint Marc, n'ait pas reconnu le *même* fait raconté par saint Jean.

Donc, s'il n'y a eu que deux onctions, le verset 2 du chapitre XI de saint Jean disant : *avait* versé, *avait* essuyé, se rapporte à la première onction faite par la pécheresse.

L'on objectera que ce verset indique, par *anticipation*, l'onction qui va être racontée au chapitre suivant et que ce verset n'est qu'une parenthèse.

Il est fâcheux qu'on fasse dire au texte le contraire de ce qu'il exprime, surtout dans saint Jean dont le style a un caractère tout spécial d'exactitude littéraire.

L'anticipation se comprend lorsqu'un historien est naturellement amené à faire allusion à un fait qu'il raconte plus loin et plus au long. Dans ce cas, il prévient par un mot court et précis ; mais là, on ne voit pas cette nécessité et je ne crains pas d'ajouter que la parenthèse n'a pas de sens, si elle ne se rapporte pas à la première onction.

D'ailleurs, pourquoi voudrait-on donner au temps employé ici par saint Jean : *avait*, un sens qu'il n'a jamais dans les passages identiques de son Evangile ?

En voici quelques exemples :

(I.40) Ἦν δὲ Ἀνδρέας ὁ ἀδελφὸς Σίμωνος Πέτρου εἷς ἐκ τῶν δύο τῶν ἀκουσάντων παρὰ Ἰωάννου καὶ ἀκολουθησάντων αὐτῷ.

André, frère de Simon Pierre était l'un des deux *ayant entendu* dire ceci à Jean et *ayant suivi* Jésus.

(VII.50) Λέγει Νικόδημος πρὸς αὐτούς, ὁ ἐλθὼν πρὸς αὐτὸν νυκτός, εἷς ὢν ἐξ αὐτῶν.

Nicodème, l'un d'entre eux, le même qui *était venu*, de nuit, trouver Jésus.

(XIX.39) Ἦλθεν δὲ καὶ Νικόδημος, (ὁ ἐλθὼν πρὸς τὸν Ἰησοῦν νυκτὸς τὸ πρῶτον,) φέρων μίγμα σμύρνης καὶ ἀλόης ὡς λίτρας ἑκατόν.

Il vint Nicodème (celui qui *était venu*, de nuit, trouver Jésus) portant cent livres de parfum.

(XVIII.14) Ἦν δὲ Καϊάφας ὁ συμβουλεύσας τοῖς Ἰουδαίοις ὅτι συμφέρει ἕνα ἄνθρωπον ἀποθανεῖν ὑπὲρ τοῦ λαοῦ.

Caïphe était celui *ayant conseillé* aux Juifs qu'il était mieux qu'un homme mourût pour le peuple.

Puisque dans tous les cas d'un fait *passé*, saint Jean emploie *l'aoriste*, pourquoi dans le verset 2 voudrait-on lui donner un sens futur ?

Vouloir donc donner au texte de saint Jean un sens d'anticipation, c'est violenter ce texte.

Mais, me dira-t-on, il y a contre votre traduction, celle de saint Jérôme. Or, saint Jérôme n'a pas traduit *unxerat, exterserat : avait oint, avait essuyé* ; mais *unxit : oignit, extersit : essuya*. Et ces verbes indéterminés ne désignent pas spécialement une onction première.

J'accorde que ces verbes ayant un sens indéterminé pourraient, à la rigueur, ne pas se rapporter à un fait passé spécialement désigné, mais à la condition que la traduction de saint Jérôme fût *adéquate* au texte original.

Or, elle ne l'est pas, car *oignit, essuya*, n'est pas adéquate à avait oint, avait essuyé.

Et alors l'on peut en venir à m'accuser de vouloir faire prévaloir ma traduction sur celle de la *Vulgate* consacrée par le Concile de Trente.

Oh ! Dieu me garde de m'écarter en ri n, surtout en Ecriture sainte, de la doctrine de l'Eglise. Mais qu'on veuille bien observer que je suis fidèlement ce que Léon XIII a enseigné dans la fameuse encyclique doctrinale : « *De studiis Scripturæ Sacræ Providentissime Deus* ».

« Cependant, si quelque passage ambigu ou moins clair s'y rencontre, le *recours* à la langue précédente (hébraïque et grecque de la Vulgate), suivant le conseil de saint Augustin sera *très utile*.

« Il est clair qu'il faudra apporter à cette tâche beaucoup de circonspection : c'est, en effet, le devoir du commentateur d'indiquer, non pas ce que lui-même pense, mais ce que pensait l'auteur qu'il explique (traduction officielle). »

La cause est plaidée. Que les exégètes l'examinent avec grande rigueur ; que les logiciens soient impitoyables. Qu'ils déclarent si ma traduction est exacte et si la conclusion que j'en tire est juste ?

J'attends avec confiance leur sentence et je serai heureux d'entendre déclarer que le texte de saint Jean, affirmant l'identité de Marie, sœur de Lazare et de la femme pécheresse consacre d'une autorité souveraine ce point de nos traditions et met pour toujours fin à la controverse.

CHAPITRE QUATRIÈME

La Madeleine d'Ephèse

Ne tenant aucun compte des discours où les Pères grecs des premiers siècles célébraient la gloire de Marie de Béthanie, ni des sanctuaires où elle avait un culte spécial, Duchesne a l'audace d'écrire : « Marie de Béthanie, *on l'a vu*, a peu de relief dans les traditions grecques »

Et pour mieux l'éclipser, il y oppose une autre Madeleine :

« Il n'en est pas de même de la Madeleine, dont le tombeau était, dès le sixième siècle, un des lieux saints d'Ephèse » (1).

Quelle est cette Madeleine ? Il ne le dit pas et les témoignages qu'il cite, loin d'éclaircir le vague de son affirmation, en démontrent la fausseté.

Il écrit :

« Grégoire de Tours, l'homme le plus renseigné de son temps, en matière de pèlerinages, connaît ce sanctuaire : *In ea urbe* (Ephèse) *Maria Magdalenæ quiescit nullum super se tegumen habens.* Dans cette ville repose Marie-Madeleine, dans un tombeau sans toiture. »

« Au temps de Charles-Martel, il fut visité par le

(1) *La Légende*, p. 4.

moine anglo-saxon Willibald. Modeste, évêque de Jérusalem, dans la première moitié du septième siècle, le mentionnait dans une de ses homélies... En 899, le corps de Lazare fut tiré de Chypre par l'empereur Léon VI, pour être transporté à Constantinople, avec celui de sainte Madeleine venu d'Ephèse. On les déposa dans une église nouvellement érigée, au lieu appelé Τόπαι, tout près de la mer, au-dessous de l'ancien palais impérial, à l'endroit où le Bosphore débouche dans la Propontide.

« Cette double translation est relatée par un grand nombre d'historiens byzantins du dixième siècle ; elle ne saurait être mise en doute (1). »

Quelle est la valeur de ces quatre témoignages ?

§ 1. — *Grégoire de Tours*

Grégoire de Tours n'est jamais allé à Ephèse. Il ne connaît ce tombeau que par « le voyageur syrien qui l'a aidé à transcrire les Actes des Sept Frères Dormants » (2). D'ailleurs, la facilité avec laquelle il a accepté certaines légendes fait douter de son exactitude en ce qui concerne les pèlerinages d'Orient.

Veut-on quelques exemples ? « L'étoile de Bethléem est encore visible dans un puits qui est près de la grotte. Ceux qui ont le cœur pur vien-

____

(1) *La Légende*, p. 4.
(2) **De Gloria Martyrum**, lib. I. Passio eorum quam Syro quodam interpretante in Latinum transtulimus.

nent se pencher sur la margelle ; et, se couvrant la tête avec un linge, ils voient l'étoile passer lentement sur l'eau. Ceux qui peuvent le plus jouir de cet intéressant spectacle sont ceux qui ont l'âme plus innocente (1). »

« Joseph d'Arimathie, saisi par la police juive, le soir de la mort du Sauveur, put s'évader au moment de la résurrection, en passant par-dessous les murs de la prison complaisamment soulevés par la main d'un ange (2). »

« Au sommet d'une montagne, il y a quatre murs sans toiture. Là, toujours en prière, Jean obtint qu'aucune pluie ne tombât dans cet endroit, jusqu'à ce qu'il eût achevé son Évangile. Accordant au-delà de cette demande, le Seigneur perpétue le miracle ; et ni pluie, ni violent orage ne viennent atteindre ce lieu (3). »

(1) « Est autem puteus magnus in Bethleem, ubi sæpius aspicientibus miraculum illustre monstratur, id est stella ibi mundis corde quæ apparuit Magis, ostenditur. Venientibus devotis ac recumbentibus super os putei aperiuntur linteo capita eorum. Tunc ille cujus meritum obtinuerit videt stellam ab uno pariete super aquas migrare ad alium. Et cum multi aspiciant ab illis tantum videtur quibus est mens sanior. » (Grégoire de Tours, *De Gloria Martyrum*, cap. II ; *Patrol. lat.*, LXXI.)

(2) « Sed resurgente Domino... nocte parietes de cellula in qua Joseph tenebatur, suspenduntur in sublimi, ipse vero de custodia, absolvente angelo, liberatur, parietibus restitutis in locum suum. » (Grégoire de Tours, *Patrol. lat.*, LXXI, p. 172 : *Historia Francor.*, I, 20.)

(3) « Sunt in summitate montis illius proximi quatuor sine tecto parietes. In his enim orationi insistens... morabatur... obtenuitque ne in illo loco imber ullus descenderet donec ille Evangelium adimpleret... Sed et usque

Je ne veux rien enlever à Grégoire ; et c'est, de tout cœur, que je m'associe au chant triomphal par lequel Fortunat saluait l'entrée de ce pontife dans la glorieuse cité de Tours. « Une auréole de lumière entoure le front de Grégoire ; c'est un rayonnement nouveau, émané des sphères supérieures où brillent l'héroïque Athanase, l'illustre Hilaire, la riche pauvreté de Martin, la douceur d'Ambroise, le génie resplendissant d'Augustin (1). »

Je le salue aussi du beau titre de « Père de l'histoire de France » que lui a donné la postérité reconnaissante. Mais est-ce d'une injuste critique que d'être un peu sceptique à l'égard des récits d'un historien qui, dans les faits du même lointain pays, s'est montré trop crédule ? Duchesne n'a-t-il pas lui-même traité de « candeur admirable » la façon dont Grégoire raconte la légende de saint Patrocle (2) ? N'a-t-il pas ailleurs jeté un grave discrédit sur l'autorité de l'historien qu'il voudrait maintenant déclarer infaillible (3) ?

hodie ita præstatur a Domino ut nulla ibi descendat pluvia nec imber violentus adveniat. » (Grégoire de Tours, *De Gloria Martyr.*, cap. XXX.)

(1) Venant. Fortunat, *Ad cives Turonicos*, lib. V, cap. 3. (Patr. lat., L. XXXVIII.)

(2) *Fastes épiscopaux*, I, p. 53.

(3) S'il fallait ajouter foi à ce que dit Grégoire de Tours, Eutrope aurait été envoyé en Gaule par saint Clément de Rome. Saintes est la seule église pour laquelle Grégoire revendique une antiquité aussi démesurée. Il est vrai *qu'il enlève lui-même toute autorité à son dire* en ajoutant que nul ne connaissait l'histoire de saint Eutrope avant la translation de ses reliques vers 590 (Duchesne, *Fastes épiscopaux*, p. 22.)

Eh bien ! je laisse de côté toutes ces légendes orientales ; j'admets même qu'elles aient été mises indûment à l'actif de Grégoire de Tours ; je ne retiens que le texte produit contre nos traditions : *In ea urbe* (Ephèse) *Maria Magdalena quiescit nullum super se tegumen habens.*

1° Ce texte est-il authentique ?

L'annotateur des œuvres de Grégoire de Tours fait remarquer que ce texte manque au Codex de Clermont (1). Or, les manuscrits de Clermont, *Codices Claromontani*, sont les plus en faveur dans le monde savant. « Composée presque tout entière d'anciens manuscrits sur parchemin du huitième au treizième siècle, cette collection donne un tableau parlant de l'activité intellectuelle dans les monastères de France... L'Allemagne paya cette collection 375.000 marks ou environ 468.750 francs. Ce chiffre dit éloquemment l'estime que font les savants allemands des *Codices Claromontani* (2). » Il y aurait donc de ce chef un certain droit de douter de l'authenticité même du texte.

2° Que dit ce texte ?

« Qu'une Marie-Madeleine repose dans un tombeau à découvert : « en plein air, non abrité

---

(1) « Hoc caput deest in codice Clarom. » (Migne, *Patr. lat.*, t. LXXI : Grégoire de Tours, *De Gloria Martyrum*, liv. I, p. 1.)

(2) *Études religieuses*, t. LXXXVIII, 20 août 1901, p. 518 : *Les Manuscrits des Jésuites*, p. J. Brucker.

contre les injures du temps » (1). Est-ce cela que Duchesne appelle pompeusement un lieu saint ? En Asie, les lieux saints et les sanctuaires sont-ils d'autant plus illustres qu'ils sont abandonnés ? Aucun voyageur de cette époque ne nous révèle de telles coutumes ; et assurément Grégoire n'a pu le croire ! Depuis quand ce tombeau est-il construit ? Depuis quand la sainte y est-elle ensevelie ? Est-ce par un miracle perpétuel qu'elle est protégée contre les intempéries et les profanations ?

Il est vraiment étrange que l'historien « le mieux renseigné » qui, pour d'autres lieux saints bien moins illustres, a écrit des pages entières, ne nous ait laissé, sur celui d'Ephèse, qu'une seule ligne sujette à tant d'hypothèses et mettant en doute son antiquité et son attribution. Le moine Bernard a vu, à Gethsémani, une église ronde et sans toiture, mais il a soin de nous rassurer aussitôt, en nous apprenant qu'il n'y pleut jamais (2).

Dans Grégoire, pas un mot pour expliquer l'anomalie d'un tombeau sans abri ! Ce silence est fâcheux ; mais personne n'a le droit de rien ajouter pour rendre rétroactivement célèbre, au VIe siècle, un tombeau ainsi abandonné.

(1) Dom Plaine, *La Correspondance catholique*, n° 16.
(2) « In ipsa quoque villa est ecclesia rotunda ubi est sepulchrum quod supra se tectum non habet, pluviam minimè patitur. » (Bernardus monac., *Patr. lat.*, t. CXXI, 571.)

§ 2. — *Willibald*

Ce témoignage est donné par Launoy, que Duchesne déclare n'avoir pas lu (1) ; et il ne se trouve pas dans Faillon.

L'on se demande pourquoi Duchesne a, comme Launoy, pris ce témoignage dans une relation, répudiée par les savants.

Ce témoignage est tiré de l'*Hodœporicus* ou *Itinéraire* publié par Canisius (2) et inséré dans la grande collection des Bollandistes avec une étude critique (3). « Cependant, ajoute Duchesne, on doit noter qu'il n'est question (de cette visite au tombeau de Madeleine) que dans la deuxième rédaction (4). »

Il y a donc deux rédactions ou vies de Willibald : l'une qui parle de ce pèlerinage et l'autre qui ne le mentionne pas.

Quelle est l'autorité de chacune de ces deux vies ?

La *première Vie* est l'œuvre d'une religieuse, parente de Willibald.

Dans une humble préface, elle déclare que « ce n'est pas sur des notes apocryphes, ni même d'après des récits courants qu'elle s'est renseignée. Willibald lui-même la voyait et lui parlait ; et c'est sous sa dictée qu'elle a écrit, ayant, à ses

(1) Duchesne, *La Légende*, p. 2.
(2) Canisius, *Thesaurus monumentorum*, t. II, p. 100.
(3) Bollandistes, *Acta Sanctorum*, t. XXIX, p. 485.
(4) Duchesne, *La Légende*, p. 4, note 2.

côtés, deux diacres qui l'entendaient comme elle, le neuf des calendes de juillet, la veille du solstice... (1). »

« Un écrit composé dans de telles conditions, disent les Bollandistes, ne peut pas ne pas mériter la plus grande confiance » ; et d'ailleurs, les savants considèrent cette œuvre comme un document d'une authenticité et d'une autorité indiscutables. Or, y est-il question, en quoi que ce soit, de Marie-Madeleine ? Voici le passage relatif à Éphèse : « Faisant route vers l'Asie, l'on arriva à la cité d'Éphèse. Là, on alla visiter l'endroit où reposent les Sept Dormants ; et de là, on se dirigea vers Saint-Jean l'Évangéliste, placé dans un lieu superbe. Puis, l'on partit et reprit la mer (2). »

C'est tout. Ni tombeau, ni reliques, ni culte, rien de Marie-Madeleine n'est signalé ; pas même la plus légère allusion.

Que faut-il conclure de ce silence ? Évidemment,

(1) « Ista non apocryphorum, non erratica dissertatione relata esse cognoscimus ; sed sicut ipso vidente et referente, de oris sui dictatione audire et nilhominus scribere destinavimus, duobus diaconibus testibus mecumque audientibus nono kalendas Julii, pride ante solstitia die. » (Bollandistes, *Acta Sanctorum*, t. XXIX, p. 501.)

(2) « Et inde (de Samos) navigantes in Asiam ad urbem Ephesum, secus mare unum milliarium. Et inde ambulaverunt in locum ubi Septem Dormientes requiescunt. Et inde ambulaverunt ad sanctum Joannem Evangelistam in loco specioso secus Ephesum. Et inde ambulaverunt duo milliaria secus mare ad urbem... » (*Ibid.*, p. 505.)

qu'il n'y avait rien de tout cela à Ephèse. Qui oserait, en effet, soutenir que si ce lieu saint, glorieux entre tous, y eût été, le pieux pèlerin ne l'eût pas visité, lui qui devait avoir une dévotion toute particulière à Marie-Madeleine, puisqu'il avait reçu le sacerdoce et la consécration épiscopale, le jour de la fête de cette sainte, le onze des calendes d'août (1) ?

Objectera-t-on que la religieuse a manqué de mémoire ? Non ; écrivant sous la dictée de Willibald, recueillant comme des oracles tout ce qui sortait de la bouche du saint pontife, ce défaut ne pouvait se produire: D'ailleurs si l'on jette un coup d'œil sur l'*Itinéraire*, l'on se convaincra vite qu'une telle supposition n'est pas acceptable. L'écrivain mentionne saint Epiphane *ad Constantiam* ; la tête de saint Jean-Baptiste *in Emessa* ; Ananias *ad Damascum* : André, Timothée, Luc et Jean la Bouche d'Or, à Constantinople ; saint Sévérinus à Naples ; la vierge Agathe en Sicile où son voile miraculeux arrête les éruptions violentes de l'Etna. Et elle aurait oublié la plus illustre de ces gloires de l'Eglise et le plus fameux de tous ces sanctuaires ? Je laisse aux logiciens les plus rigoureux le soin de répondre.

« La *seconde Vie*, disent les Bollandistes, est une

___

(1) « Et ibidem tunc S. Willibaldum consecravit sanctus Bonifacius in presbyterialis dignitatis gradum ipsâ die qua episcopus noster S. Willibaldus consecratus est in presbyteratum undecimo kalendas Augusti... ad natalem sanctæ Magdalenæ... » (Bollandistes, *Acta Sanctorum*, t. XXIX, p. 511.)

reproduction de la première; dans un style un peu plus élégant, *paulo nitidiori phrasi*, et l'on peut s'y fier... sauf dans les passages où il a plu à l'auteur d'ajouter ou d'effacer à son gré, *nisi quod præterierit et singularia aliqua de suo omiserit.* » Or, cet anonyme se livre à cette double fantaisie avec une merveilleuse aisance. Ainsi, Willibald, après son départ pour Jérusalem, resta dix-neuf ans sans voir son père ; l'anonyme, trouvant cette séparation trop cruelle, la raccourcit de onze ans. Willibald eut un pontificat de quarante-cinq ans, et, selon Mabillon, plus long peut-être ; l'anonyme pense que la houlette est trop lourde à porter si longtemps, et il ne retranche que trente-huit ans de cet héroïque pontificat.

La religieuse raconte la profession de foi de Willibald à l'assomption de la Très-Sainte-Vierge telle qu'elle l'a entendue de sa bouche (*similiter et ipse dixit*) ; l'anonyme, au lieu d'être historien, se fait sceptique. « Que Marie soit encore dans le tombeau ou qu'elle soit ressuscitée, pour entrer dans la glorieuse immortalité, il vaut mieux ne pas se prononcer : c'est le plus prudent moyen de ne pas tomber dans l'erreur. » — « Arrêtons là, concluent les Bollandistes, la liste des fantaisies de ce pauvre écrivain, et ne nous attardons pas même aux miracles qu'il raconte, pour faire accroire qu'il en sait plus long que la religieuse (1). »

(1) Pour toutes ces citations : *Acta Sanctorum*, t. XXIX, *Première et seconde Vie de saint Willibald*, t. XXII, p. 191 : *Vie de sainte Marie-Madeleine*, par le P. Sollier.

Que Duchesne n'ait pas le même dédain pour
l'auteur de cette seconde rédaction, cela le regarde ; mais il devait aux sévères principes de
l'école hypercritique de ne pas tirer argument
d'une pièce de mauvais aloi ; et à sa propre consi-
dération de ne pas se trouver, dans ce mauvais
cas, en compagnie de Launoy qu'il n'a pas lu.

§ 3. — *Modeste.*

« *Modeste*, évêque de Jérusalem, dans la première moitié du septième siècle, mentionnait le
lieu saint d'Éphèse, dans une de ses homélies (1). »

En nous opposant ce troisième témoignage, Duchesne ne donne pas le texte où se trouve cette
mention. Je dois suppléer cette nouvelle lacune ;
car ce texte, connu et étudié comme il doit l'être,
réserve de très intéressantes surprises.

Launoy eut le triste honneur d'évoquer le premier cette homélie de Modeste contre les traditions
provençales ; et il le fit avec son ordinaire ou plutôt son extraordinaire mauvaise foi. L'ayant trouvée dans Photius, il dut la lire d'un œil bien ten-
dre. Mais comme l'extrait tout entier lui parut
trop compromettant pour sa thèse, il trouva un
moyen bien simple de le rendre favorable : couper
la tête, changer le milieu, retrancher la queue. Et
c'est ce passage ainsi tronqué et mutilé qu'on oppose à nos traditions. Il est donc de bonne guerre
de faire ressortir toute cette vilaine tromperie.

(1) Duchesne, *La Légende*, p. 5.

Voici le texte complet de Photius, en regard du texte donné par Launoy. Les pointillés marqueront les suppressions ; les lettres italiques, les interpolations.

TEXTE DE LAUNOY (1)	TEXTE DE PHOTIUS (3)
Modeste a un beau discours (2) dans Photius, sur les *vierges* porteuses de parfums	De Modeste, archevêque de Jérusalem, sur les *femmes* porteuses de parfums. Pourquoi Jésus-Christ a-t-il choisi, pour être assisté par elle, Marie-Madeleine de laquelle il avait chassé sept démons ? Le nombre sept est pris, dans l'Ecriture, pour toutes les vertus, comme pour tous les vices. Jésus-Christ choisit donc, avec raison, Madeleine de laquelle il avait chassé sept démons, afin de faire connaître, par elle, qu'il venait délivrer l'humanité entière de l'esclavage de l'auteur du mal.

(1) Launoy, *Dissertatio de Commentitio Magdalenæ*, pars I, cap. I.

(2) « Modestus habuit *egregiam* de unguentiferis virginibus *orationem.* » Appeler « discours superbe », vingt-cinq lignes, faire accroire qu'on en a lu plus long qu'il y en a. C'est une duperie genre Launoy.

(3) Photius, t. I *quæst*, CLVIII, p. 1088 (Migne).

.....*Les* histoires racontent que Madeleine de laquelle le Sauveur chassa sept démons, fut.....
...............vierge et que dans le récit de son martyre il est dit qu'à cause de sa parfaite virginité et son excellente pureté, elle parut à ses bourreaux comme un limpide cristal. Après la mort de notre Sainte Dame la mère de Dieu, elle alla à Ephèse auprès du disciple bien-aimé, et là, Marie, la porteuse de parfums, acheva par le martyre sa course apostolique, n'ayant pas voulu, jusqu'à son dernier soupir, être séparée de Jean, évangéliste et vierge.

....
....
....
....
....
....
....
....
....

Car, dit-il, des histoires racontent que Madeleine, de laquelle le Sauveur chassa sept démons, fut *toute sa vie (διὰ βίου)* vierge, et que dans le récit de son martyre il est dit qu'à cause de sa parfaite virginité et son excellente pureté, elle parut à ses bourreaux comme un limpide cristal. Après la mort de notre Sainte Dame la mère de Dieu, elle alla à Ephèse auprès du diciple bien-aimé ; et là, Marie, la porteuse de parfums, acheva par le martyre sa course apostolique ; n'ayant pas voulu, jusqu'à son dernier soupir, être séparée de Jean, évangéliste et vierge.

Car, dit-il, de même que le chef des apôtres fut appelé Pierre, à cause de l'inaltérable foi qu'il eut dans le Christ qui est la pierre fondamentale, ainsi Madeleine devenue chef des disciples, à cause de sa pu-

. . . . reté et de l'amour qu'elle
. . . . eut pour le Sauveur, fut
. . . . surnommée Marie, com-
. . . . me sa divine Mère. »

Qui pourrait ne pas s'indigner, en voyant tant de tortures infligées à ce malheureux texte ? qui n'est pas stupéfait, à l'apparition subite de cette Marie-Madeleine, *toujours vierge et martyre*, dont rien dans l'Evangile, dans la patrologie, dans aucune Eglise, n'a pas même fait soupçonner l'existence ? Qui n'est frappé de la contradiction flagrante entre la première proposition de l'homélie qui désigne une Madeleine chargée de tous les vices, et la seconde qui la proclame d'une incomparable virginité ?

Dom Cellier ne partagea pas l'enthousiasme de Launoy ; et en examinant le passage fourni par ce faussaire, il fut loin d'en tirer la même conclusion. « Modeste, écrit-il, disait que Marie-Madeleine de laquelle Jésus-Christ chassa sept démons, avait vécu vierge et souffert le martyre à Ephèse, où elle était allée trouver saint Jean l'Evangéliste, après la mort de la sainte Vierge. Mais il ne rapportait ces faits que sur des *histoires* qui avaient couru de son temps (1). »

Tillemont se sépare aussi de Launoy : « On y lit une chose étrange, à savoir que sainte Madeleine,

____

(1) D. Cellier, *Histoire générale des auteurs ecclésiastiques*, t. XI, p. 699.

à cause de sa virginité et de sa chasteté tout entière, parut aux yeux de ceux qui la tourmentaient, aussi pure et aussi transparente qu'un cristal. Nous pourrions mieux juger de la qualité de ce fait, si nous avions encore ces actes (1). » Et s'ils avaient eu tous les deux le texte complet sous les yeux, ne l'auraient-ils pas rejeté avec le plus grand dédain ?

Duchesne a eu moins de critique et de scrupule que dom Cellier et Tillemont, alors qu'il avait plus de raisons de se méfier de tant d'érudition étalée dans le texte, lui qui a écrit « que même en Orient, on n'en savait guère plus sur le compte de Lazare et de Madeleine qu'il y en a dans l'Evangile (2). »

Mais puisqu'il veut tourner contre nos traditions le prétendu témoignage de Modeste, je lui oppose ces quatre questions :

1° Le texte est-il authentique ? C'est contestable.

2° Est-il fourni par Modeste ? C'est douteux.

3° Exprime-t-il sa pensée doctrinale ? C'est inadmissible.

4° Que prouve-t-il contre nos traditions ? Il les confirme.

1° Qui nous a transmis ce texte ? Les Bollandistes, qui ont posé la demande, répondent ainsi : « C'est Photius, l'auteur du grand schisme de l'Eglise grecque, deux cents ans après la mort de

(1) Tillemont, *Mémoires*, II, 83.
(2) Duchesne, *La Légende*, p. 6.

Modeste. Or, faut-il ajouter foi à celui qui fut marqué de tant de flétrissures, quand il nous donne un fragment de texte opposé aux traditions latines ? Ce ne serait vraiment pas un grand crime d'accuser les Grecs d'invention : ceux qui s'occupent d'histoire et de controverse savent à quoi s'en tenir sur leur compte (1). »

2° Moins sévère que les Bollandistes, parce que je ne suis pas versé, comme eux, dans ces travaux d'histoire et de controverse, j'accepte que le texte n'ait pas été inventé par Photius ; mais a-t-il été réellement fourni par Modeste ? Photius lui-même nous met dans le doute. Le texte entier, tel que je l'ai donné plus haut, est inséré deux fois dans ses œuvres : dans l'ouvrage *ad Amphilochium* (2), sans être attribué à Modeste, et; dans la *Bibliotheca* (3), sous ce titre : « De Modeste, archevêque de Jérusalem, sur les femmes porteuses de parfums. » Or, comme on l'a vu, à l'endroit même des *Histoires*, et par deux fois, intervient dans le texte un narrateur étranger (ὅτι φησί, *car dit-il*), alors que cette locution n'est jamais employée dans les extraits des autres auteurs, ni même dans un autre discours de Modeste publié par Photius au n° 515 : « *In occursum : Sur l'Assomption.* » Quel est donc le personnage qui est ainsi subrepticement introduit dans la narration ? C'est la ques-

(1) *Acta Sanctorum*, t. XXII, 22 juillet.
(2) Photius, t. I, *quæst.* CLVIII, p. 1088 (Migne).
(3) *Id.*, t. III, p. 113, n° 511.

tion que le savant annotateur se pose et qu'il laisse sans réponse : « Je ne sais vraiment pas qui est celui qui est mis en scène par Photius et à qui il attribue ce passage ou cette observation » : *Nescio quem hic insinuat Photius cuique hanc observationem tribuit* (1). Voilà donc le doute.

3° Quand même ce texte aurait été réellement dans l'homélie de Modeste, il n'en peut être lui-même l'auteur, car il est inadmissible que ce texte exprime sa pensée doctrinale.

Deux preuves intrinsèques le démontrent : une contradiction trop flagrante, une ignorance de l'Evangile trop grossière.

La contradiction. — Dans le texte non interpolé, il y a tout d'abord cette demande : « Pourquoi le Christ a-t-il choisi, pour l'assister, Marie-Madeleine de laquelle il avait chassé sept démons ? » ; et il y a cette réponse : « Le nombre *sept* est pris, dans l'Ecriture, pour toutes les vertus comme pour tous les vices. Jésus-Christ choisit donc, avec raison, Madeleine de laquelle il avait chassé sept démons, afin de faire connaître, par elle, qu'il venait délivrer toute la nature humaine de l'esclavage de l'auteur du mal. »

Qui oserait affirmer que, soit par la demande, soit par la réponse, Modeste ne prenne Madeleine pour une pauvre pécheresse dont Jésus a daigné avoir pitié, et qu'il a admise à le suivre et à l'assister, pour récompenser ses larmes et confirmer son pardon ?

(1) *Id., ibid.*

Or, tandis qu'il vient d'identifier Marie-Madeleine à la pécheresse convertie par la miséricordieuse bonté de Jésus, le texte affirme immédiatement après que cette Marie-Madeleine fut vierge *toute sa vie* (διὰ βίου) ; et qu'à cause de sa parfaite virginité et son excellente pureté, elle parut comme un limpide cristal.

Peut-on, de bonne foi, attribuer au même orateur une contradiction si flagrante ? Non. Donc pour cette première raison, le texte cité n'est pas l'expression doctrinale de l'évêque de Jérusalem, mais simplement le rêve de ces *histoires* qu'on peut justement appeler des contes.

L'ignorance de l'Evangile. — En donnant le texte, Launoy s'arrête là où il voit son avantage ; et il veut que les autres s'arrêtent là aussi comme lui. « *Siste gradum, lector* : lecteur, ne va pas plus loin. Ce que je viens de citer doit te suffire pour adopter mes conclusions (1). » Le tort et la maladresse de nos adversaires c'est de n'avoir pas fait un pas de plus, ce qui veut dire ici n'avoir pas lu encore quelques lignes. Je n'ai pas été si docile : j'ai violé la consigne et dans cette queue j'ai trouvé le poison que Launoy devait trouver mortel pour sa thèse : *in caudâ venenum.*

Relisez ce passage : « Ces *histoires* racontent aussi que, de même que le chef des apôtres fut

____

(1) « Siste gradum, lector, et ex his ritè perpensis, sic multa tecum ipse nunc reputa. » (Launoy, *Dissertatio*, pars I, cap. I.)

appelé Pierre, à cause de l'inaltérable foi qu'il eut dans le Christ, qui est la pierre fondamentale, ainsi Madeleine, devenue chef des disciples, à cause de sa virginité et de l'amour qu'elle eut pour le Sauveur, fut *surnommée* Marie. »

C'est donc un évêque de Jérusalem qui ignore à ce point les Evangiles !!! Tous les fidèles savent par saint Luc (VII, 2) que Marie est le nom et Madeleine le surnom : *Maria quæ vocatur Magdalena* ; et l'évêque seul aura compris et traduit à rebours !

Non, une ignorance si grossière n'est imputable qu'à ces histoires ou légendes que Modeste n'a mentionnées que pour les contredire ou s'en moquer, et non pas, comme ose le dire Launoy, « pour les couvrir de son autorité et de son éloquence » (1).

4° Et, d'ailleurs, quand on voudrait relever ce fameux texte de tous les coups qui, je crois, l'ont assez endommagé, comment pourrait-il servir la thèse de Duchesne ? Où y est-il question du lieu saint d'Ephèse ? Les *histoires* elles-mêmes n'en disent pas un mot. Or, si Madeleine avait eu, à cette époque, ce célèbre sanctuaire, n'était-ce pas là une occasion toute naturelle pour l'évêque de Jérusalem d'en dire un mot à ses auditeurs, et de rendre son superbe discours, *egregiam orationem*,

(1) Launoy, *Dissertatio*, pars I, cap. I : « Modestus acceptas a majoribus historias cum et oratione et auctoritate confirmet... »

encore plus pompeux, en saluant Madeleine entourée à Ephèse de tant d'honneurs, et de gloire ?

Mais non, il n'en laisse pas même soupçonner l'existence. Donc quand Duchesne, pour prouver que ce tombeau était célèbre au vi^e siècle, affirme que Modeste le « mentionnait dans une de ses homélies », nous n'avons qu'à lui opposer ce texte, qui ne le mentionne pas.

§ 3. — *Les Byzantins.*

« En 899, le corps de Lazare fut tiré de Chypre par l'empereur Léon VI, pour être transporté à Constantinople, avec celui de sainte Madeleine venu d'Ephèse. On les déposa dans une église nouvellement érigée au lieu appelé Τόποι, tout près de la mer, au-dessous de l'ancien palais impérial, à l'endroit où le Bosphore débouche dans la Propontide. Cette double translation est relatée par un grand nombre d'historiens byzantins du dixième siècle ; elle ne saurait être mise en doute (1). »

De ce grand nombre, Duchesne en nomme quatre ; mais il ne donne pas leurs textes. Il suppose que tous ses lecteurs auront facilement à leur disposition les cent cinq volumes de la patrologie grecque.

Les voici :

1° *Leo Grammaticus* : « A l'endroit appelé *Lieux* (Léon) éleva une église à saint Lazare, et y éta-

____

(1) *La Légende,* p. 4 et 5.

blit un monastère d'hommes eunuques. Y ayant déposé le corps de Lazare et celui de Marie-Madeleine transféré, il célébra la dédicace de cette église (1). »

2° *Le Continuateur de Théophane* : « A l'endroit appelé *Lieux*, (Léon) éleva une église à saint Lazare et y établit un monastère d'hommes eunuques. Il y déposa le corps de Lazare et aussi le corps transféré de sa sœur Madeleine (2). »

3° *Simon Magister* : « La treizième année de son règne, l'empereur (Léon), à l'endroit appelé *Lieux*, éleva une église à saint Lazare, y établit un monastère d'hommes eunuques et y déposa le corps de saint-Lazare et de Marie-Madeleine (3). »

(1) Ὡσαύτως ἔκτισεν εἰς τοὺς λεγομένους Τόπους τὸν Ἅγιον Λάζαρον κατασκευάσας μονὴν ἀνδρείαν εὐνούχων, ἔνθα καὶ τοῦ ἁγίου Λαζάρου σῶμα καὶ Μαρίας τῆς Μαγδαληνῆς ἀνακομίσας ἀπέθετο, ποιήσας καὶ τὰ ἐγκαίνια τῆς αὐτῆς ἐκκλησίας. (Migne, *Patrol., grec.*, t CVIII, col. 1108).

(2) Ἔκτισεν δὲ καὶ τοῦ Ἁγίου Λαζάρου ἐκκλησίαν τῶν λεγομένων Τόπων, καὶ μονὴν ἀνδρῶν εὐνούχων ἐν αὐτῇ κατεσκεύασεν. ἔνθα καὶ τὸ τοῦ ἁγίου Λαζάρου σῶμα καὶ τῆς ἀδελφῆς αὐτοῦ Μαγδαληνῆς ἀνακομίσας ἀπέθετο. (*Ibid.* t. CIX, col. 381).

(3) Τῷ ιγ' αὐτοῦ ἔτει κτίζει ὁ βασιλεύς εἰς τοὺς λεγομένους Τόπους ναὸν Ἁγίου Λαζάρου, καὶ κατασκευάζει μονὴν ἀνδρῶν εὐνούχων ἐν ᾧ καὶ τοῦ ἁγίου Λαζάρου, σῶμα καὶ Μαρίας τῆς Μαγδαληνῆς ἀπέθετο. (*Ibid.*, col. 165).

4° *Georges le Moine* : « (Léon) éleva une église sous le vocable de saint Lazare, à l'endroit qu'on appelle les *Lieux*, et il y établit un monastère d'hommes eunuques. Y ayant transféré le corps de saint Lazare, venu de Chypre, et celui de Madeleine, venu d'Ephèse, il célébra la dédicace de cette église (1). »

Ici, Duchesne est un jongleur de textes. Mais en observant ses tours, on n'en est pas dupe et même on y découvre de curieuses maladresses.

Que veut-il établir ? Que sainte Madeleine (qui n'est pas Marie de Béthanie) avait un lieu saint à Ephèse. Or, sur ces quatre historiens, il y en a trois qui ne font *aucune* mention de ce lieu saint ; et il y en a un qui de cette Madeleine fait la sœur même de Lazare.

Avouez que si ces textes avaient été mis sous les yeux des lecteurs, ils se seraient livrés à de bien malignes suppositions.

N'insistons pas sur la nullité de ces textes dans la thèse que veut prouver Duchesne, et reconnaissons même qu'un fait affirmé par quatre historiens ne saurait être mis en doute ; mais la

---

(1) Ὡσαύτως ἔκτισεν ἐκκλησίαν εἰς τοὺς λεγομένους Τόπους, τὸν ἅγιον Λάζαρον, κατασκευάσας αὐτὴν μονὴν ἀνδρείαν εὐνούχων. Ἔνθα καὶ τὸ τοῦ ἁγίου Λαζάρου σῶμα ἐκ Κύπρου καὶ Μαρίας τῆς Μαγδαληνῆς ἀπὸ Ἐφέσου ἀνακομίσας ἀπέθετο, ποιήσας καὶ τὰ ἐγκαίνια τῆς αὐτῆς ἐκκλησίας. (Migne, *Patrol. grec.*, t. CVIII, col. 921).

certitude de la translation laisse bien incertaine l'identité des transférés.

Sur quels anciens documents s'appuie-t-on pour faire admettre que ces transférés sont les deux personnages évangéliques ? Pendant dix siècles, aucun auteur grec n'a écrit un seul mot sur la sépulture du ressuscité Lazare à Chypre, ni de Marie-Madeleine l'évangélique à Ephèse, et l'on voudrait nous faire croire d'emblée un fait si important !

Duchesne devrait le premier s'insurger contre une telle prétention. « Un passé, a-t-il dit, ne s'établit que par témoignage, et une tradition se manifeste trop tard, quand elle n'apparait qu'après un silence de mille ans (1). » Ailleurs, il est encore plus exigeant : « Il ne veut pas de traditions qui ne peuvent s'autoriser d'un document certain antérieur au XIe siècle. Cette apparition est trop tardive, trop isolée des souvenirs antérieurs pour n'être pas suspecte (2). »

Et alors, ici, les principes de l'école hypercritique ne seraient plus que de vaines formules !

J'apprends aussi de Duchesne, que « lorsque des manuscrits dérivent d'un même exemplaire, ils ne valent à eux tous que ce que vaut cet exemplaire, c'est-à-dire rien du tout... lorsqu'un démenti est donné par des documents contemporains (3). » Or, n'est-ce pas le cas de ces Byzantins ?

(1) Duchesne, *Fastes épiscopaux*, t. I, x.
(2) Id., *Les Origines chrétiennes*, p. 449-453.
(3) Duchesne, *Fastes épiscopaux*, t. I, p. 45.

Leurs quatre histoires se copient servilement jusqu'à décrire, dans la même suite et, absolument dans les mêmes termes, les faits les plus vulgaires. C'est ainsi, pour ne citer qu'un exemple, qu'après la solennelle translation aux Τόποι, est racontée la chute d'un candélabre sur la tête de l'empereur Léon, pendant l'office de la Pentecôte. Il n'y a donc là que des manuscrits ou des annales dérivant d'un même exemplaire... et ne valant rien, puisque non pas un, mais plusieurs démentis sont donnés par des documents contemporains.

1° Le premier démenti vient d'une *Statistique religieuse de la Terre Sainte* du IXᵉ siècle, révélée au monde savant par l'illustre de Rossi et dont il apprécie la valeur dans son *Bulletino di archeologia cristiana* :

« M. Gerbach, écrit-il, le bibliothécaire de Bâle, a eu l'excellente idée de détacher des couvertures des livres les parchemins écrits que des mains barbares avaient employés à cet usage, dans les siècles passés...

« Parmi les parchemins placés dans le tome second, j'en ai trouvé un qui m'a semblé singulièrement précieux. Il est du IXᵉ siècle ; il contient l'indication des églises et des monastères de Jérusalem, ainsi que des lieux circonvoisins... C'est une vraie et exacte statistique des églises et des monastères...

« L'importance générale et la valeur curieuse de

cette Statistique des Lieux saints frappent les yeux même de ceux qui ne connaissent pas l'histoire de ces sanctuaires. Les savants spécialement appliqués à l'étude de la topographie hiérosolymitaine, jugeront de chaque point en particulier...

« Ce rapport a une valeur statistique considérable ; et il est d'autant plus précieux qu'il tombe entre l'époque de Willibald et celle de Bernard ; qu'il remplit cette lacune, et aussi qu'il renferme des particularités très intéressantes et qu'on chercherait vainement ailleurs. »

Or, ce topographe à la recherche de tous les sanctuaires et de toutes les sépultures, n'a pas trouvé le second tombeau de Lazare, le ressuscité du Christ. Et de Rossi en tire cette grave conclusion : « Pour la question de la mort et de la sépulture de Lazare *non en Orient, mais en Provence,* important est le témoignage du topographe anastasien qui avoue franchement qu'on ignore en Palestine le lieu où Lazare fut enseveli (1) ».

Donc, si de l'aveu de l'anastasien il faut conclure que le tombeau de Lazare n'était pas en Orient, en 808, il faut aussi conclure de son silence, au sujet de Madeleine, que son tombeau

____

(1) **De Rossi** : « Per la quistione però della morte e sepoltura di Lazaro non in Oriente, ma nella Provenza, importante è la testimonianza del topografo anastasiano che ingenuamente confessa ignorarsi nella Palestina dove Lazaro fosse sepolto. » (*Bullettino di archeologia cristiana,* anno III, novembre 1865.)

n'était pas à Ephèse à cette même époque. Et alors comment leur translation a-t-elle pu se faire en 890 ?

2° A ce document si précieux, nous ajoutons la bulle de Benoît IX, en 1040, pour la consécration de l'église de Saint-Victor de Marseille. Le pape y affirme, « d'après l'antique tradition et plusieurs livres ecclésiastiques, que ce monastère eut la gloire de posséder les reliques de saint Lazare, le ressuscité du Christ Jésus (1). »

3° Il y a aussi la lettre de Rostagnus, archevêque d'Aix (1056), adressée à *tous les fidèles*, dans le but d'obtenir des contributions pour la construction d'une grandé église, à la place du petit oratoire bâti par saint Maximin. Dans des termes qui révèlent nettement l'antique croyance de tout le peuple, « il affirme que *Marie-Madeleine, la sœur* de Lazare, qui arrosa de ses larmes et de son parfum les pieds du Sauveur, a, comme saint Maximin, son tombeau chez nous : *Sepulchrum utriusque apud nos* (2). »

---

(1) « Multis dilatatum honoribus... necnon passionibus sanctorum martyrum Victoris... et sancti Lazari, a Christo Jesu ressuscitati... plurimorum sacrorum voluminum testimonia probant. » (*Cartulaire de l'abbaye de Saint-Victor*, t. I, p. 14, charte 14e.)

(2) « Notum sit autem vobis, fratres, quoniam sanctus Maximinus... et Beata Maria Magdelena, quæ lacrymis suis pedes ejusdem Domini lavit et unguento perunxit... Sepulchrum utriusque apud nos. » (Chanoine Albanès, *Gallia christiana*, t. I. *Province d'Aix, Instrumenta*, col. 2.)

Pour se débarrasser de ces documents bien gênants pour leur thèse, les adversaires pourraient essayer encore de les rejeter comme apocryphes et sans valeur. Mais cette tentative n'aboutirait pas. Le témoignage du topographe anastasien consacré par l'autorité de Rossi devient irrécusable. La charte de Benoît IX et la lettre de Rostagnus, expertisées par Léopold Delisle, Guérard, Louis Blancard, les chanoines Albanès et Ulysse Chevalier, restent marquées, par l'impeccable érudition de tels maîtres, du sceau d'une incontestable authenticité.

La conclusion qui s'impose est donc que les Byzantins, en prenant les transférés de Chypre et d'Ephèse pour les Lazare et Marie-Madeleine évangéliques, sont tombés dans une erreur de personnes, conséquence d'une confusion de noms.

D'ailleurs, cette double méprise s'explique très naturellement, sans manquer en rien à la critique historique. En 832, vivait à Citium (1) un saint moine du nom de Lazare. Après avoir vaillamment combattu, sous l'iconoclaste Théophile, pour le culte des saintes Images, il mourut en paix, dans l'île de Chypre. Le Martyrologe en marque la fête à Constantinople, le 23 février, ce qui peut déjà bien faire croire que les reliques de ce moine avaient été transportées dans cette ville. En outre, le Ménologe de Basile, à propos d'un saint Lazare, se sert du mot *relatio* « report », confirmant ainsi une première translation à Constantinople. Mais, ni dans le Martyrologe, ni dans

(1) (Larnaca), dans l'île de Chypre.

le Ménologe, ce Lazare n'est appelé ressuscité ou martyr, mais simplement confesseur, n'est-ce donc pas là le véritable Lazare de Chypre (1) ?

Quant à Madeleine, la méprise s'explique aussi aisément. Une Madeleine fut ensevelie à Ephèse, au v⁰ siècle, près des Sept Dormants. Elle a été d'autant plus facilement confondue avec la sœur de Lazare que les Grecs ont presque tous identifié celle-ci avec la Madeleine évangélique.

Quoi qu'il en soit de ces explications données seulement pour innocenter un peu les erreurs de ces historiens, leur témoignage ne garde aucune valeur, et je crois bien que, sous les coups portés à leurs textes, on peut dire à ceux qui les ont cités contre nos traditions :

De ces fiers Byzantins, voilà ce qui nous reste !

Pour venir à leur secours, Duchesne invoque « un pèlerin russe, l'higoumène Daniel qui vit encore, en 1106, le tombeau et la tête de sainte Madeleine à Ephèse » (2).

Vraiment, il est fâcheux que les Byzantins n'aient pas prévenu que, lors de la translation, on avait laissé cette tête ; et que le pèlerin russe ne nous ait pas dit si, au moins, on avait un peu restauré le tombeau. Duchesne, qui tient tant au relief de sa Madeleine d'Ephèse et à la gloire de

(1) Faillon, *Monuments inédits*, t. I, p. 308. — Lequien, *Oriens christianus*, t. III, col. 1237.
(2) Duchesne, *La Légende*, p. 5.

son lieu saint, aurait bien fait, érudit infatigable, de trouver quelque explication à toutes ces énigmes.

Les témoignages muets

Je pose un principe qu'aucun logicien ne voudra rejeter : Lorsque, pour la gloire de Dieu, par reconnaissance, par amour de la vérité, des évêques, des historiens, des pèlerins ont à parler des sanctuaires chers à la foi chrétienne et des saints qui y sont honorés, il n'est pas admissible qu'ils puissent rester muets sur le sanctuaire le plus célèbre et le saint le plus glorieux. Or, pontifes, historiens, pèlerins, qui, du premier au dixième siècle, ont eu à parler des sanctuaires et des saints d'Ephèse, ne mentionnent ni Marie-Madeleine, ni son tombeau. Donc à Ephèse il n'y a pas eu le lieu saint de Marie-Madeleine.

Voici les preuves de la mineure de mon syllogisme :

Au X⁰ siècle, nous avons vu à quoi se réduisent les textes des Byzantins ;

Au IX⁰ siècle, le topographe anastasien avoue qu'on ne sait où a été enseveli Lazare ; et il ne dit pas un seul mot de Marie-Madeleine ;

Au VIII⁰ siècle, l'*Itinéraire* de Willibald qui mentionne saint Jean et les Sept Dormants à Ephèse, ne signale rien de Marie-Madeleine ;

Au V⁰ siècle, 10 juillet 431, le Pape Célestin I⁰ʳ écrivait aux Pères du Concile d'Ephèse : « Faites éclater ces vertus apostoliques dans la ville d'Ephèse où les reliques du bienheureux Evangéliste sont vénérées (1) ». N'est-il pas permis de supposer que, sans faire la nomenclature de tous les saints ensevelis dans cette glorieuse cité, le Pape aurait au moins encore évoqué le souvenir de Marie-Madeleine, l'apôtre des apôtres, si elle y avait eu son tombeau ?

A la fin du IV⁰ siècle, Silvia parcourt tous les Lieux saints ; elle note les fêtes, les cérémonies, les traditions, les monuments. Elle parle de *Béthanie*, de *Magdalum*, de l'*hospitium*, du *Lazarium*, de l'église de la *Rencontre*. Quand il s'agit d'Ephèse, elle se borne à écrire à ses compagnes ou à ses supérieures, *dominæ*, que ce qui la pousse vers l'Asie, vers Ephèse, c'est de pouvoir prier auprès du bienheureux et saint apôtre Jean (2). Rien de Marie-Madeleine.

Au commencement de ce même siècle, Eusèbe de Césarée parle longuement des apôtres et de leurs successeurs, des saints et des matyrs de l'Asie Mineure, de ceux de la Palestine en particulier ; et il ne mentionne pas une seule fois Marie-Madeleine (3).

---

(1) Labbe, *Concil.*, t. XIV, p. 611.

(2) « De quo loco, dominæ, lumen meum, cum hæc ad vestram affectionem darem, iam propositi erat, in nomine Jesu Christi domini nostri, ad Asiam accedendi, id est Ephesum, propter martyrium sancti et beati apostoli Iohannis gratia orationis. » (Gamurrini, *Silviæ Peregrinatio.*)

(3) Bellet Charles-Félix, *Les Origines des Eglises de la France et les Fastes épiscopaux*, Paris, Alphonse

Nous voici au IIe siècle, aux années de la retentissante controverse des *Quartodécimanes*. L'église d'Ephèse est gouvernée par Polycrate. Cet évêque voulant justifier la coutume des églises de sa province qui célèbrent la Pâque le quatorzième jour de la lune, réunit à Ephèse, les évêques intéressés, et adresse au pape Victor une lettre apologétique où sont énumérés les titres qui rendent ces églises si glorieuses. Voici ce document en entier :

« Nous célébrons la Pâque au jour où elle doit être légitimement et véritablement célébrée. Nous n'ajoutons ni ne retranchons rien à nos coutumes. C'est dans cette province de l'Asie que se sont éteintes quelques-unes des grandes lumières de l'Eglise, dans l'attente de la résurrection, lorsque, au dernier avènement, le Fils de l'Homme descendra du ciel plein de gloire et de majesté, et que les saints sortiront de leurs tombeaux pour le recevoir. Philippe, l'un des douze apôtres, est mort à Hiérapolis ; deux de ses filles qui passèrent leur longüe vie dans la virginité y ont aussi fini leurs jours. La troisième, qui fut honorée par l'Esprit-Saint du don de prophétie, repose dans son tombeau à Ephèse.

Picard, 1896, p. 125. Ouvrage indispensable à qui voudra connaître à fond l'importante question des origines chrétiennes. L'auteur a relevé tous les noms évangéliques cités par Eusèbe avec l'indication de leur mort ou de leur sépulture ; or, Eusèbe ne cite pas une seule fois Lazare, Marie-Madeleine et Marthe. Ce silence a sa signification.

« Sur cette même terre d'Ephèse, est mort Jean le disciple qui reposa sur la poitrine de Jésus ; Jean le grand apôtre qui porta sur le front la lame d'or, qui fut à la fois martyr et docteur ; et dont le nom seul dit toute la gloire. Encore, à Ephèse, nous avons le corps du martyr Thraséas qui fut évêque d'Euménia. Smyrne a eu pour évêque le martyr Polycarpe. Parlerai-je de Sagaris, évêque de Laodicée et martyr ? du bienheureux Papirius ? de l'eunuque Méliton dont l'Esprit-Saint dirigeait tous les actes, et qui, dans son tombeau, à Sardes, attend l'avènement du Seigneur et le jour de la résurrection ?...

Il y a eu sept évêques dans ma famille, et je suis le huitième... J'ai soixante-cinq ans. J'ai souvent été en rapport avec les frères dispersés dans tout le monde... Je pourrais faire ici mention des évêques qui m'entourent ; si j'inscrivais leurs noms, la liste paraîtrait longue. Réunis autour de mon humble et chétive personne, ils ont approuvé ma lettre et reconnu que je ne porte pas en vain mes cheveux blancs, et que j'ai toujours conformé ma vie aux préceptes et aux institutions de Jésus-Christ (1). »

A-t-elle quelque importance, dans la question, cette lettre si éloquente de Polycrate ? Comprend-on que nos adversaires aient pu la dédaigner ? Sa valeur est-elle douteuse ? qui oserait le soutenir ?

(1) Euseb., *Hist. Eccl.*, lib. V, cap. XXIV.

Cette lettre donnée par Eusèbe, authentiquée, pour ainsi dire, par la réponse même du pape Victor, n'est pas récusable. Dans son premier travail contre nos traditions, Duchesne ne fait pas la moindre allusion à Polycrate. Dans sa réponse à l'un de nos défenseurs, il s'étonne qu'on recoure à son témoignage. « On invoque, dit-il, Polycrate d'Ephèse lequel au IIe siècle ne parle pas du tombeau de Marie-Madeleine. Il ne s'agit pas du IIe siècle, mais il s'agit du VIe et des suivants (1). »

Quelle pauvre échappatoire ! Entre-t-il donc dans la pensée de Duchesne qu'un tombeau puisse pousser dans un pays comme les champignons au pied d'un arbre ? Veut-il, pour les besoins de sa cause, supposer une translation soudaine et miraculeuse, comme pour la sainte Maison de Nazareth, à Lorette ?

Donc, si Polycrate ne mentionne pas le Lieu saint de Marie-Madeleine, à Ephèse, c'est qu'il n'y était pas. Et s'il n'y était pas au IIe siècle, sa célébrité au VIe n'est-elle pas une pure légende ou une maladroite invention ?

Si cette conclusion ne paraissait pas rigoureusement logique, je me permettrais de dire que j'ai calqué mon raisonnement sur celui de Duchesne. Voici une page signée de sa main :

« En 1059, dans un célèbre sermon prononcé à Milan, pour défendre la réforme grégorienne et

____

(1) *Bulletin critique*, n° 7, 5 mars 1896, p. 129.

l'autorité du Saint-Siège, saint Pierre Damien fait l'histoire des origines de l'église de Milan, telle qu'on l'admettait de son temps... Pas la moindre mention de saint Barnabé. Et il faut noter que ce discours fut tenu dans une grande assemblée du clergé et du peuple milanais, l'archevêque étant présent. Ce n'était ni le lieu, ni le moment de supprimer les traditions reçues dans l'église de Milan... Ainsi, du silence de saint Pierre Damien, il résulte que la croyance à l'apostolat milanais de saint Barnabé n'était pas encore reçue, à Milan, au milieu du xi⁰ siècle (1). »

Dans la réunion des évêques d'Asie, Polycrate présidant, ce n'était ni le lieu, ni le moment de supprimer les traditions, ni un des titres les plus glorieux de l'église d'Ephèse... Ainsi, du silence de Polycrate, il résulte qu'au second siècle, à Ephèse, il n'y avait de Marie-Madeleine ni souvenirs, ni culte, ni tombeau.

D'ailleurs, Duchesne a lui-même renié ses affirmations, en disant : « On pense bien que je ne me porte pas garant de l'authenticité du tombeau de Lazare à Citium, pas plus que de celui de Madeleine. (*Fastes Episcopaux*, p. 325.)

Donc, l'Orient n'a jamais contesté cette glorieuse possession à la Provence.

(1) *Supplément* aux *Mélanges d'archéologie et d'histoire*, publiés par l'Ecole Française de Rome, t. XII.

DEUXIÈME PARTIE

———

MARIE MADELEINE EN PROVENCE

CHAPITRE PREMIER

Le Culte provençal de Marie-Madeleine

« D'assez bonne heure, écrit Duchesne (1), dans le douzième siècle, on avait annexé à l'histoire de sainte Madeleine un long épisode emprunté plus ou moins textuellement à celle de Marie l'Egyptienne. Il y était question d'une longue et terrible pénitence accomplie par l'amie du Christ dans un lieu désert de la Provence. Cet épisode fut localisé. Une grande caverne qui s'ouvre dans une montagne sauvage à l'est de Marseille et à quatre lieues environ au sud-ouest de Saint-Maximin, contenait une chapelle en l'honneur de la Sainte Vierge. Ce petit sanctuaire appartenait aux religieux de Saint-Victor, sous le nom de *Sancta Maria de Balma*, c'est-à-dire de la Sainte-Marie de la Baume ou de la Caverne. *L'idée finit par venir aux gens du pays que cette caverne était le lieu où Marie-Madeleine avait fait pénitence ; ce fut pour eux le lieu saint de la Madeleine.*

« On s'était habitué en Provence, surtout depuis la fin du douzième siècle et la « découverte » de Tarascon (1187) (2) à croire que les deux saintes sœurs avaient réellement habité le pays. En

(1) *La Légende* p. 19, 20 et 21.
(2) Du tombeau de sainte Marthe.

somme, le sanctuaire provençal de sainte Madeleine, au treizième siècle, et jusqu'à la « découverte » (1279), c'était la Sainte-Baume et la Sainte-Baume seule. *Aucun texte antérieur à 1279 ne nous montre les Provençaux revendiquant la possession des reliques de Madeleine.* »

§ 1. — *L'idée des gens du pays !*

Quel roman ! quelles sont ces gens du pays ? A cette époque, tout ce pays n'était qu'une contrée inhabitée et déserte « *regio adhuc inhabitabilis et deserta* ». Et ce sont les deux ou trois pauvres et ignorants bergers, se trouvant là d'aventure, qui auraient lu la vie de l'Egyptienne et y auraient pris un passage pour *l'annexer* à la Madeleine provençale.

Si depuis la « découverte » de sainte Marthe, on s'était habitué, en Provence, à croire que les saintes sœurs avaient réellement habité le pays, *l'idée* la plus naturelle qui pût venir, c'était que Marie-Madeleine avait vécu et devait être morte près de sa sœur. Et si on voulait lui donner une caverne pour ses pénitences, il n'était pas rationnel de l'imaginer à cent kilomètres de Tarascon.

Non, ce n'est ni de ce lieu, ni de cette époque que vint aux gens du pays l'idée d'associer Marie-Madeleine à sa sœur Marthe ; c'est à bien des siècles plus haut qu'il faut faire remonter cette association. C'est, au moins, aux siècles où le culte de sainte Marthe était déjà en grand honneur.

Lorsque Duchesne a dit que la découverte (1187) eut pour conséquence la construction d'une belle église qui fut consacrée en 1197, il n'a pas été exact. Cette église, du fondement au sommet, aurait demandé plus de dix ans pour sa construction. Elle fut l'agrandissement de l'antique sanctuaire, comme le déclare l'architecte Mouren, dont la compétence a été reconnue de tous.

« Le portail de l'église de Tarascon est de *beaucoup antérieur* à l'église, construite en 1197. Le portail semble dater de l'époque gallo-romaine. Le plein cintre et l'ornement des voussures, les chapiteaux, l'attique de la partie supérieure autorisent, dans tous les cas, à affirmer que ce portail est de beaucoup antérieur à l'époque ogivale, à laquelle il donne entrée. Il doit être le reste d'une église détruite par les Sarrasins, et on peut le considérer comme un monument des antiques croyances provençales » (1).

Henri Révoil disait aussi : « S'il est un édifice religieux de notre Provence qui offre à l'observateur des spécimens bien distincts d'ordonnance architecturale, depuis les époques primitives jusques à nos jours, c'est bien l'église de Sainte-Marthe, à Tarascon » (2).

Je demandais à Blancard, le savant archiviste,

____

(1) Charles-Félix Bellet *Les Origines* des Eglises de France, p. 253.

(2) Mouren t. X des *Mélanges-Manuscrits* laissées à sa famille à Arles.

ce qu'il pensait de la spontanéité du culte de sainte Marie-Madeleine, par l'association qu'on lui donna avec sa sœur Marthe, après la découverte de Tarascon, en 1187 ?

— « Pas autant spontanée qu'on voudrait nous le faire croire, me répondit-il d'un air un peu malin. — Il y a donc une riposte ? — Plus que cela. — Il y a une pièce ? — Oui, et d'un calibre qui pourrait faire quelque démolition ; du moins, c'est mon avis, ajouta-t-il avec cette modestie qui, chez lui, s'alliait toujours à sa profonde science. »

Me montrant l'*Authentique d'Arles*, ouvert sur son bureau, « Voyez, me dit-il, si votre paroissien est un faussaire. » Et il me remit la copie d'une charte de 967, mentionnant les terres qui entouraient d'un apanage dotal l'église de sainte Marthe : « *Ego in Xri nomine Boso et conjux mea Flocoara comutamus ad ecclesiam Sancti Stephani sedis Arelatensium... campum unum ad Molleriam et confrontat pro uno latus via publica et quartus campus in villa quæ dicitur Tharascone et consortat... de uno fronte viam publicam et de alio* TERRAM SANCTE MARTHE... *Hacta comutatio ista in Arelate civitate publicè sub die Kalendas Mar[tii] anno XXX regnante Chuonrado rege Alamanorum seu Proventiarum, indicione IIII. S. Bosone et uxore sua Flocoara, manibus suorum firma[verunt]* » (1).

(1) *Authentique d'Arles*, f° 13 (Archives des Bouches-du-Rhône).

Un autre document de 964 existe en original dans le fonds de Montmajour d'Arles, où il porte l'ancienne cote : *Avignon, n° 8.* Il a été publié par le baron de Roure (*Histoire de Montmajour*, 1890). Par l'obligeance de M. Reynaud, le digne successeur de Louis Blancard aux Archives des Bouches-du-Rhône, j'en ai eu l'extrait absolument fidèle.

Le sujet de la pièce est une donation faite au monastère de Montmajour, par le prêtre André, de plusieurs terres sises dans le comté d'Avignon... Nous y voyons, par deux fois, figurer *Sancta Marta*, l'église de Sainte-Marthe et le nom d'une propriétaire : Marthe « ... *Et dono ad jamdicto monasterio in alio loco... petias III... consortes de uno latus Ebrardo, de alio latus heredes Anestasio condam, de uno fronte Poncione, de alio fronte* TERRA SANCTA MARTA. *Et abet alia pecia ibidem aderente, de ambos latus dextros XVI et medio... consortes de uno latus heredes Anestasio condam, de alio latus Siginilde femina, de uno fronte Marta femina, de alio fronte* TERRA SANCTA MARTA. »

Une autre concession à mi-fruits est convenue entre Itier, Archevêque d'Arles et Spérandieu, et sa femme *Marthe* (969) : « *In Xristi nomine. Convenientia, qualiter placuit atque convenit inter domnum Iterium, Arelatensis episcópum, et aliquem hominem Sperandeum et uxorem suam Martham* (1). »

(1) *Authentique du chapitre d'Arles, f° 67, n° LXXV.*

Au Musée d'Arles, une inscription nous révèle cette dévotion bien avant le VIII° siècle :

HIC IN PACE REQVI
ESCIT BM MARTA
QVAE VIXIT PL MS
ANN XXXV OBI
IT SVB D VII KAL
OCTOB IND VI

« Ce nom de Marthe, porté par les femmes chrétiennes du pays, dit Edmond Le Blant, est bien l'indice d'un culte traditionnel et tout local.

« On remarquera la présence exceptionnelle de ce nom, d'origine hébraïque... ces noms sont d'une excessive rareté sur les marbres des fidèles de l'Occident... On donnait rarement aux chrétiens de nos contrées d'Europe des vocables d'origine hébraïque (1). »

Duchesne n'a donc pas été exact, quand il a fait si spontanée et si tardive l'association de Marie-Madeleine, à sa sœur Marthe.

§ 2. — *Les Textes*

A-t-il été plus exact en affirmant qu'aucun texte, antérieur à 1279, ne nous montre les Provençaux, revendiquant la possession des reliques de Madeleine ?

____

(1) Edmond Le Blant, *Inscription chrétienne de la Gaule antérieure au VIII° siècle*, t. II, n° 612 et t. I p. 146.

1° En 1254, la Sainte-Baume fut visitée par saint Louis, au retour de la première croisade.

« Li roys, écrit Joinville, s'en vint par le Comté de Provence, jusques à une citée que on appela Ays-en-Provence, là où l'on disait que le corps à Magdeleine gisoit, et fûmes en une voûte de roche moult haute, la où l'on disait que la Magdeleine avait esté en hermitaige dix-sept ans (1). »

Le texte de Ducange est encore plus explicite : « Le Roy s'en vint à la cité d'Aix-en-Provence, pour l'honneur de la benoiste Magdeleine qui gisoit à une petite journée près (2). »

« La Sainte-Baume, avoue Duchesne, est sûrement indiquée ; il me semble aussi que c'est Saint-Maximin qui est visé à l'endroit où il est question du corps de Madeleine. Ce texte prouverait donc que déjà, vers l'année 1254, les Provençaux *revendiquaient non seulement l'hermitaige de la sainte, mais ses reliques*. Ce n'est pas impossible (3). » — Mais alors, pourquoi écrire, à la page suivante, « qu'aucun texte antérieur à 1279 ne nous montre les Provençaux revendiquant la possession des reliques de sainte Madeleine ? »

« Saint-Louis, absent de son royaume depuis six ans, et pressé d'y rentrer, trouva le temps de se détourner de son chemin, pour aller à la Sainte-

(1) Texte de M. de Wailly (1874), p. 238.
(2) Paris (1688) et éditions précédentes
(3) *La Légende*, p. 20.

Baume et à Saint-Maximin, par dévotion pour sainte Madeleine ; et cela, qu'on ne l'oublie pas, vingt-cinq ans avant la découverte du corps de sainte Madeleine, qui n'eut lieu qu'en 1279. C'est là un fait dont la gravité ne peut échapper à aucun esprit sensé, et qui nous donne la raison des recherches qui furent faites, vingt-cinq ans après, pour retrouver les reliques cachées. Il fallait bien que la tradition provençale fût alors vivace, générale, précise, pour décider le roi de France à retarder son retour à Paris, et à se porter sur les lieux qu'on lui désignait comme consacrés par le séjour de Madeleine. Le saint roi était plein de foi et de piété, mais il n'avait pas l'habitude d'innover en matière de dévotion. Pourquoi donc serait-il allé à la Sainte-Baume, si l'on n'était pas dans l'usage d'y aller (1) ? »

De ce pèlerinage, il y a un autre arguement à tirer : « Comment saint Louis a-t-il pu parvenir dans ce désert sauvage, s'il n'y avait pas de chemins qui y conduisissent ? Comment a-t-il pu monter jusqu'à la grotte, qui s'ouvre dans les flancs d'un rocher à pic, à mi-hauteur, à plusieurs centaines de mètres au-dessus des plus hauts arbres de la forêt, si des ouvrages faits de main d'homme n'en avaient pas encore facilité l'accès ? Il n'y a qu'une seule réponse possible à ces diverses demandes :

(1) Albanès. *Histoire du Couvent royal de St-Maximin.* Marseille 1880, p. 11, 12 et 14.

Saint Louis est allé à la Sainte-Baume, parce que les Provençaux y allaient avant lui, et qu'on y venait même de fort loin ; il a pu y arriver sans trop de peine parce que des chemins, ouverts pour les pèlerins, y conduisaient de tous les côtés ; il a pu parvenir à la grotte, parce que depuis longtemps (pour nous cela signifie depuis près de mille ans), les abords en avaient été rendus faciles par les travaux d'art semblables à ceux que nous y voyons de nos jours, qui n'ont fait que les renouveler, en les améliorant peut-être. Il fallait donc que l'*idée* fût venue depuis longtemps, puisque, quoique le pays fût désert on avait exécuté de si grands travaux pour le pèlerinage de la Sainte-Baume » (1).

2° En 1248, un jeune Franciscain italien était venu à la Sainte-Baume. C'est le Frère Salimbene, de Parme. La date est bien précise : 1248. C'est la même année qu'il était à Hyères auprès du B. Hugues, de Digne, le célèbre prédicateur : « *Anno Dni 1248, cum essem cum fratre Hugone, apud castrum Arearum*, etc. » Duchesne se borne à signaler le pèlerinage de ce religieux à la Sainte-Baume par ces deux mots : « Frà Salimbene la visita en 1248 (2). »

Mais le récit de ce Franciscain, découvert par le

(1) *Ibid.*
(2) *La Légende*, p. 26.

chanoine Albanès, aux archives du Vatican, mérite d'être fidèlement reproduit.

« La caverne où sainte Marie-Madeleine a fait pénitence, pendant trente ans, est à quinze milles de Marseille. J'y ai couché une nuit, le soir de sa fête. Elle est située dans un rocher très élevé et, à mon avis, elle est assez vaste pour contenir mille personnes. Il y a trois autels et une source pareille à la fontaine de Siloë. Il y a un très beau chemin pour y arriver. En dehors, près de la grotte, est une église desservie par un prêtre. Au-dessus, la montagne est encore aussi élevée que le baptistère de Parme, et la grotte elle-même se trouve à une telle hauteur dans le rocher, que les trois tours des Asinelli, de Bologne, ne pourraient y atteindre ; les grands arbres de la forêt semblent d'en haut de l'ortie ou de la sauge. Et comme toute la contrée est inhabitée et déserte, les femmes et les nobles dames de Marseille, quand elles y viennent par dévotion, ont soin de conduire avec elles des ânes qui portent du pain, du vin, des poissons et autres provisions dont elles ont besoin (1). »

(1) « De spelunca in qua sancta Maria Magdelena XXXta annis hominibus incognita mansit. — Spelunca vero sancte Marie Magdalene, in qua XXXta annis penitentiam fecit, per XV millaria a Massilia distat. Et in illa, una nocte dormivi; immediate post festum ipsius. Et est in altissimo monte saxoso, adeo grandis, secundum meum judicium, si bene recordor, quod mille homines caperet. Et sunt ibi altaria tria et stillicidium aque ad modum fontis Siloe ; et via pulcherrima ad eundum ;

« Il serait difficile de trouver quelque chose de plus clair, et les enseignements qui ressortent de ce texte capital sont de la plus haute importance. Tandis que les adversaires de nos traditions soutiennent qu'avant saint Louis, la Sainte-Baume est inconnue ; que tout est incertain et légendaire dans ce qu'on débite à son sujet ; il est positif, au contraire, qu'avant ce temps, la Sainte-Baume est en pleine lumière, et dans toute la clarté de la certitude historique. Un témoin qui l'a vue, vient de nous rapporter ce qu'il y a trouvé, et, quelque importune que soit sa déposition, il faut bien l'accepter. Il en résulte qu'au treizième siècle, la Sainte-Baume était parfaitement connue ; son

et exterius quedam ecclesia prope speluncam, ubi quidam sacerdos inhabitat. Et supra speluncam, tanta adhuc est altitudo montis, quanta baptisterii Parmensis altitudo conspicitur. Et spelunca in illo monte ita elevata est a superficie terre, quod tres turres Asinellorum de Bononia, secundum meum judicium, si bene recordor, illuc attingere non possent ; ita quod arbores grandes que inferius sunt, apparent urtice, seu salvie campi. Et quia regio illa, sive contrata, adhuc est tota inhabitabilis et deserta, ideo mulieres et nobiles domine de Massilia, cum illuc, causa devotionis vadunt, ducunt secum asinos oneratos pane et vino, et turtis et piscibus, et comestibilibus aliis quibus volunt. — *Bibl. l'allc.* Cod. 7260, fol. 223 v°. *Chronica fr. Salimbene de Parma*, ord. Min. ab an. 1168 ad an. 1287. — C'est le manuscrit original de cette chronique, et nous y avons puisé nos citations. Inédite jusqu'à nos jours, elle a été publiée récemment dans un des volumes des *Monumenta historiæ Parmensis*, que nous n'avons pas vu. » (Albanès, *Hist. du Couvent royal de Saint-Maximin*, p. 16.)

pèlerinage était établi ; de beaux chemins y conduisaient ; on y iaisait la fête de sainte Madeleine,
et l'on y assurait qu'elle avait vécu là pendant
trente ans. La grotte avait trois autels ; on y
voyait la source où s'abreuvent les pèlerins. Un
prêtre y était à demeure, pour le service divin.
En d'autres termes, la Sainte-Baume était alors
précisément ce qu'elle est de nos jours, sauf peut-
être cette chapelle extérieure, *quædam ecclesia*,
dont il est fait la mention. Et tout cela, qu'on le
remarque bien, avait lieu longtemps avant les
Dominicains, avant saint Louis, avant l'invention
des reliques (1) ! »

« Il faut avouer, que ceux qui ont nié l'antiquité
du culte de sainte Madeleine à la Sainte-Baume et
qui en ont marqué les commencements à la fin
du treizième siècle étaient bien-hardis et bien
imprudents, puisqu'il a suffi du récit de voyage
d'un pauvre moine, pour faire crouler tout l'échafaudage de leurs dénégations. Devant son naïf et
précis témoignage, il ne reste rien de leurs diffi-
cultés et l'histoire reprend ses droits. Or, comme
les choses que Salimbene a vues n'avaient aucune
apparence de nouveauté, et qu'en tout cas, il avait
fallu de longues années de travail pour les établir comme elles étaient, son attestation ne prouve
pas seulement pour son siècle, mais pour les

(1) Albanès, *Histoire du Couvent royal de Saint-Maximin*, p. 16 et 17.

siècles précédents. Remercions le moine étranger qui a apporté au culte de sainte Madeleine un secours inattendu et précieux (1). »

Remercions aussi le chanoine Albanès d'avoir, par ses infatigables recherches, fourni un document d'une si grande valeur à la défense de nos chères traditions.

3° En 1220, nous avons une inscription qui se trouve dans la petite église de la campagne de Rome appelée *la Nunziatella*. Elle est de la 5ᵉ année du pontificat d'Honorius III. Elle donne l'énumération des reliques qui furent déposées dans l'autel, le jour de sa consécration, par Jean, évêque d'Anagni. Or, au nombre de ces reliques on voit : « *Une pierre de la grotte où Marie-Madeleine fit pénitence ; un fragment du bras de saint Maximin.* »

Duchesne n'a pas pu pénétrer dans cette chapelle presque toujours fermée (2). J'ai été plus heureux, et j'ai reçu une copie complète de cette inscription, grâce à l'obligeance d'un prêtre du collège Capranique, disciple distingué du savant Armellini.

Je mets sous les yeux du lecteur les passages qui indiquent la date de la consécration et les reliques provençales, en suppléant par des minuscules les abréviations épigraphiques.

(

(1) Id., *ibid.*
(2) *La Légende*, p. 21, note ɪ.

IN NOmInE DomiNI ANNo M CC POntificatus DomiNI HONORII P. P III ANno V INDICTione VIII MENsis AVGusti Die IX. DEDICATA Est HEC ECClesiA AD HONORem BEatæ MaRIæ ViRginis et OmnIVM SanCTORum. CHRisti MartyruM... IN CVjus ALtARe SVnT HEE ReliQuiE RECON-DItÆ.....

ET DE LAPIDE SPELVnCE VBI *Maria* **MAG-DALENA FECIT** P**eN**I*tentia***M. DE BRACH***io* **Sancti MaXiMINI.**

« Ces fragments du bras de saint Maximin, sont déjà un signe caractéristique que nous touchons là à des reliques provençales. Saint Maximin est un saint qui nous appartient, et, en le voyant nommé avec sainte Madeleine, comment ne pas penser aussitôt à la célèbre église où leurs tombeaux sont à côté l'un de l'autre, et où leurs reliques sont associées dans le même culte ?

« Mais ce qui est pour nous un argument sans réplique, c'est la présence, à quelques milles de Rome, de cette pierre précieusement conservée, de cette pierre de la grotte où sainte Madeleine a fait pénitence, c'est-à-dire de la Sainte-Baume, laquelle, retrouvée à trois cents lieues de l'endroit où elle fut prise, indique, d'une manière irrécusable, la provenance des reliques auxquelles elle est jointe. Il n'y a pas au monde deux grottes consacrées par la pénitence de la Madeleine, et jamais Vézelay, ni Rome, ni Ephèse, ni Jérusalem, n'ont songé à disputer à la Provence la Sainte-Baume (1). »

Or, lisez la conclusion originale, pour ne rien dire de plus, de Duchesne. « Dans la première moitié du treizième siècle, les reliques provençales, en ce qui regarde la Madeleine, étaient tirées de la Sainte-Baume et non de Saint-Maximin. C'est ce qui résulte d'une curieuse inscription, d'un catalogue des reliques conservées dans la petite église de la Nunziatella, près Rome (2). »

Quelle logique ! parce qu'une pierre a été détachée de la Sainte-Baume, il en résulte que les reliques de Madeleine étaient dans cette grotte et non à Saint-Maximin ! Alors, parce que j'ai apporté une pierre de l'antique chapelle de Saint-Jean-de-Garguier (près d'Aubagne), visitée par Benoît Labre, il en résulte que les reliques du saint pèlerin sont dans cette chapelle, et non à Rome !

4° En 1102, nous avons la bulle de Pascal II accordant à Pierre, archevêque d'Aix, l'usage du pallium, *pour les fêtes de sainte Madeleine, de saint Maximin, évêque et confesseur, et des martyrs qui ont leurs tombeaux dans l'église d'Aix.*

« Pascalis episcopus... venerabili fratri Petro, Aquensi archiepiscopo... Palleum concedimus quo te... ad missarun sollemnia, suscriptis diebus

(1) Albanès, *Hist. du Couvent royal de Saint-Maximin,* f° 21.
(2) *La Légende*, p. 21.

noveris induendum. Id est Nativitatis Domini nostri... Marie Magdalene, Maximini episcopi et confessoris et eorum martirum qui in Ecclesia Aquensi requiescunt... (1). » Et les Bollandistes mettent en note que « cette fête de sainte Madeleine se célébrait déjà en grande pompe dans toute la Provence, *sanctæ Mariæ Magdalenæ tum in Provincia solemniter celebrabatur.* »

Des églises y étaient élevées en son honneur, et des donations nombreuses enrichissaient ses sanctuaires. Une pierre arrachée depuis peu à une destruction inévitable et déposée dans l'ancien chœur de la basilique de Saint-Gilles en fait foi :

« *L'an de l'Incarnation MCLVIII (1158), le 2 des nones de février (4 février), Bonéta et ses fils, Jean Cornut et Guillaume Jourdan, ont donné pour (le salut de) leur âme au Seigneur Dieu et à sainte Marie-Madeleine la terre où cette église a été bâtie, avec ses maisons et ses dépendances. Cette donation a été faite entre les mains de Gislabert, recteur de la susdite église, lequel a promis que les habitants (desservants) présents et futurs de cette église feraient célébrer à perpétuité, au susdit jour (4 février), sept messes pour le repos des âmes des donateurs, pour celles de leurs parents et de tous les fidèles défunts (2).*»

---

(1) Bibl. Méjanes, à Aix, Ms. 7, fol. 281. — Albanès, *Gallia Christiana novissima*, t. I. *Province d'Aix, Instrumenta*, col. 5 et 6.

(2) Anno Dominicæ Incarnationis MCLVIII, II Nonas. Februarii, Boneta et filii eivs Iohannes Cornvtvs ac

5° En 1103, le 7 août, nous avons la charte de la consécration de l'église de Saint-Sauveur, à Aix, où nous lisons ce passage si intéressant pour nos traditions : « *Mais, comme le bienheureux Maximin et la bienheureuse Marie-Madeleine furent les premiers fondateurs de ces églises, primi fundatores, un autel a été dédié à ces deux saints dans l'église du Sauveur (1).* »

En 1070, nous avons la lettre de Rostagnus :

« *Frères, que le fait soit bien connu de vous tous : Saint Maximin, qui fut l'un des soixante-douze disciples du Sauveur, et la bienheureuse Marie-Madeleine qui lava de ses larmes et oignit d'un parfum les pieds du même Seigneur, et le ressuscité saint Lazare, après la Passion du Sei-*

GVILLELMVS IORDANVS DEDERVNT PRO ANIMABVS SVIS DOMINO DEO ET SANCTE MARIE MAGDALENE HANC TERRAM IN QVA HEC ECCLESIA FVNDATA EST CVM DOMIBVS AC PERTINENCIIS SVIS. HANC DONATIONEM FECERVNT IN MANIBVS GISLABERTI, INSTITVTORIS PREDICTE ECCLESIE QVI PROMISIT EIS VT HABITATORES HVIVS LOCI PRESENTES ET FVTVRI IN PERPETVVM IN PREDITA DIE FACIANT SEPTEM MISSA CELEBRARE PRO ANIMABVS PREDICTORVM DONA-TORVM ET EORVM PARENTVM ET OMNIVM FIDELIVM DEFVNCTO-RVM.

(Abbé d'Everlange, *Histoire de Saint-Gilles*, p. 51 et 52. Avignon. Seguin frères, 1885).

(1) Bibl. Méjanes, à Aix, Ms. 7, fol. 3 : « Sed quoniam earumdem ecclesiarum quas superius exaravimus *beatus Maximinus et beata Maria Magdalena primi fundatores extiterunt ;* in eadem ecclesia Salvatoris a supra dictis religiosissimis viris in *honore beate Maximini et beata Maria Magdalena* altare dedicatum est. »

gneur, quittant Jérusalem et traversant la mer, abordèrent à Marseille. Les habitants de cette cité retinrent parmi eux saint Lazare et l'établirent leur évêque. Saint Maximin, avec la bienheureuse Marie-Madeleine, vint jusqu'à la ville d'Aix, et le peuple le constitua son archevêque. Lui-même, servant Dieu d'une manière parfaite, éleva dans cette cité une église en l'honneur du Sauveur ; il en consacra les autels de ses propres mains et y déposa des reliques du sépulcre du Seigneur et d'autres qui nous sont restées inconnues. Et là, après avoir, avec sainte Marie-Madeleine, servi le Sauveur, il mourut en paix. Leurs tombeaux sont chez nous (1). »

(1) Bibl. de la ville de Marseille, Ms, 1499, fol. 616. Copie faite sur l'original. Albanès, *Gallia christ noviss.*, *Instrumenta*, col. 2 : « Notum sit autem vobis, fratres, quoniam SANCTUS MAXIMINUS, QUI FUIT UNUS DE SEPTUAGINTA DUOBUS DISCIPULIS SALVATORIS, ET BEATA MARIA MAGDALENE, QUE LACRYMIS SUIS PEDES EJUSDEM DOMINI LAVIT ET UNGUENTO PERUNXIT, ET SANCTUS LAZARUS, QUEM QUADRIDUANUM IDEM SALVATOR RESUSCITAVIT, post passionem Domini de Jerusalem discedentes per Mare, navigando MASSILIAM VENERUNT, IBIQUE MASSILIENSES SANCTUM LAZARUM RETINENTES EPISCOPUM MASSILIE CONSTITUERUNT, SANCTUS VERO MAXIMINUS CUM BEATA MARIA MAGDALENE USQUE AD AQUENSEM CIVITATEM PERVENIT, QUEM POPULUS AQUENSIS IBIDEM ARCHIEPISCOPUM CONSTITUIT. Ipse autem Deo perfecte serviens, in eadem civitate ecclesiam in onorem sancti Salvatoris et sancte resurrectionis construxit, altaria propriis manibus consecravit, reliquias de sepulchro Domini, et alias nobis innotas, in ecclesia abscondit. In qua, dum vixit, Salvatori serviens cum sancta Maria Magdalene, in pace quievit. SEPULCHRUM UTRIUSQUE APUD NOS ».

Dans les *Mélanges d'archéologie et d'histoire*, publiés par l'Ecole française de Rome, M. Georges de Manteyer a voulu ju... ces documents de Pascal II, de Pierre et de Rostagnus. « *Vraisemblablement*, dit-il, les documents d'Aix antérieurs et d'ordre diplomatique dont les originaux n'existent plus et qui seuls mentionnent ces légendes sont le premier apocryphe et les deux autres interpolés (1). » Ce « vraisemblablement » est plein d'audace et vide de critique. Un tel procédé d'affirmation sans preuve, quand on n'est pas un oracle infaillible, ne convient guère dans une revue qui veut garder bon renom. Sans doute, Duchesne n'a pas contresigné l'article de son collaborateur, mais puisque lui se tait et que le collaborateur a pu parler à faux, nous avons le droit de retenir, en faveur des revendications provençales, des témoignages qui les font remonter à deux siècles plus haut que l'époque trop légèrement assignée par nos adversaires.

6° Au Xe siècle, un manuscrit de la Bibliothèque du Roi (*Notre-Dame*, 101), donné comme un extrait d'une Vie encore plus ancienne, affirme que Marie-Madeleine avait chez nous son culte et son tombeau. Je dis que ce document est du Xe siècle, parce que dans le Catalogue des manuscrits, l'on fait observer que celui où est cette Vie a été

(1) *Mélanges d'archéologie*....., t. XVII : *Les Légendes saintes de Provence.*

peint à cette époque. Or, l'on conviendra que les annotations des catalogues, dans de telles bibliothèques, doivent être faites par des hommes compétents.

Voici les passages qui intéressent nos traditions :

« Marie qui tire son surnom de Madeleine du château de Magdala est la même à qui ont été adressées ces deux paroles : « *Beaucoup de péchés lui seront remis, parce qu'elle a beaucoup aimé* », et : « *Marie a choisi la meilleure part qui ne lui sera point ravie..* » Le récit exact d'un grand nombre d'écrivains rapporte que, pour fuir la persécution qui sévit à Jérusalem, Marie s'exilant avec le bienheureux Lazare, son frère, et la bienheureuse Marthe, sa sœur, aborda au port de la ville de Marseille... D'après des écrits anciens conservés en ce pays et confirmés par la croyance universelle, Marie se fit, dans cette cité, l'apôtre de l'Evangile, mais en laissant à son frère le soin de prêcher dans les assemblées publiques. Puis elle retourne au lieu qu'elle avait choisi, avec les autres saints dont elle faisait sa société... *Reliquorum sanctorum vallata contubernio...*

« A l'endroit où l'on sait que les corps de ces saints ont été ensevelis, l'on montre encore une église élevée en l'honneur du bienhureux Maximin, évêque de la cité, et dont on voit encore des ruines au milieu de ce pays que les Sarrasins ont ravagé (1). »

7° Le IX° siècle ne pourrait-il pas aussi donner un démenti à Duchesne ? Oui, a répondu Faillon, et ce rude chercheur a découvert, dans la Bibliothèque d'Oxford, une *Vie de sainte Marie-Madeleine et de sainte Marthe attribuée à Raban Maur.*

Par des raisons qui ont convaincu beaucoup de

(1) « Ex eo autem inclyto agmine, peccatricem nostram sanctam Mariam, ter quaterque beatam, quæ Magdalo castello Magdalene Maria nuncupatur... sibi gratam effecit, ut mereretur ab eo audire : *Dimissa sunt ei peccata multa quoniam dilexit multum.* Et iterum : *Optimam partem elegit sibi Maria, quæ non auferetur ab ea ....*
« Cæterum, veridica multorum relatio eam cum beato Lazaro, fratre suo atque beata Martha, sorore sua, habet discessisse, ingruente persecutione plebis Judaïcæ... ubi maris portus habebatur Marsiliæ civitatis finibus devenit.
« Ubi, reliquorum sanctorum vallata contubernio, cum quibus illi erat grata societas, sicut apud incolas loci illius antiquor:... scriptis retinetur, et universorum hodie que narratione confirmatur, ad prænominatam etiam urbem, verbi divini gratiam spargendam gentibus, devenit.
« Sed quia muliebri sexui noverat prohibitum, publicis auditibus, non debere divinum inferre sermonem, ad peragendum illud opus idoneum fratrem adhibuit Lazarum ....
« Postea vero ad locum quem prius delegerant regressi.
« Monstratur autem adhuc in loco ubi corpora sanctorum tumulata noscuntur, ecclesia in honore beati Maximi confessoris, præfatæ civitatis antistitis, quæ... parietum tamen adhuc substitit decore. » (Faillon, *Monuments inédits*, t. II, p. 571).

lecteurs, même très exigeants, le docte Sulpicien établit que l'œuvre originale est du ix° siècle et de l'évêque de Mayence (1). Duchesne traite avec dédain ce même document qui, d'après lui, « ne remonterait pas plus haut que sa transcription au xiv° ou au xv° siècle » (2).

A-t-il vu le manuscrit ? Non ; il l'avoue loyalement (3). En a-t-il lu sérieusement la copie authentique ? Il y a lieu d'en douter. « Dans cette Vie, dit-il, on n'insiste pas sur le sanctuaire de Saint-Maximin, et il n'est dit ni que Madeleine y soit encore ni qu'elle ait été transportée ailleurs » (4). Or, l'auteur consacre tout un chapitre à cette sépulture ; et si, après avoir dit que Madeleine fut ensevelie à Saint-Maximin, il n'ajoute pas qu'elle fut transportée ailleurs, la conclusion toute naturelle c'est qu'elle y était encore.

Voici cet intéressant passage : « L'archevêque saint Maximin sentant, par une révélation divine, que l'heure approchait où il allait être ravi à la lumière de ce monde et recevoir du bon Juge la récompense de ses labeurs, donna les ordres suivants. Dans l'intérieur de la basilique élevée par lui avec magnificence, sur les membres sacrés de la bienheureuse Marie-Madeleine, l'on doit

(1) Faillon, *Monuments inédits*, t. II, p. 10-53 ; texte de la *Vie*, p. 423.
(2) *La Légende*, p. 18.
(3) *Fastes épiscopaux*, p. 329.
(4) *La Légende*, p. 18.

préparer sa propre sépulture et placer son sarcophage à côté de celui de la sainte amie de Dieu...

« A sa mort, les fidèles déposèrent son corps à côté de celui de Madeleine et tous les deux illustrèrent ce lieu par l'éclat de nombreux miracles. Et depuis, ce sanctuaire a été l'objet d'une telle vénération, que ni rois, ni princes, ni grands dignitaires n'osent venir y prier, sans déposer les armes. Jamais aucune femme, de quelque haut rang qu'elle ait pu être, n'a eu l'audace d'y pénétrer... *Ce monastère s'appelle l'abbaye de Saint-Maximin, construit dans le comté d'Aix et enrichi d'autant d'honneur que de présents* (1). »

Vraiment, le sanctuaire de Saint-Maximin pouvait-il être plus clairement désigné et mieux décrit ?

(1) Rabanus, *De Vita B. Mariæ Magdalenæ* ; Faillon, t. II, p. 558 : « Qui imminente tempore quo, sancto sibi relevante Spiritu, ab hac luce se subtrahi cognovit, mercedem laborum suorum a pio judice recepturus, intra basilicam, quam superius, super beatæ Mariæ Magdelenæ membra sanctissima, cum opere mirifico, construxisse retulimus, jussit sepulturæ suæ locum præparari, ac juxta beata dilectricis Dei mausoleum, sarcophagum suum collocari. In quo, post sanctum ejus transitum, sacro illius corpore a fidelibus honorifice deposito, magnis miraculorum virtutibus, ambo decorant locum : interventu suo, petentibus animæ et corpori, prestando salubria. Qui locus, postea, tantæ religionis est habitus, ut nullus regum, aut principum, nec aliquis, sæculari pompa præditus, ecclesiam illorum, beneficia petiturus, ingredi audeat donec prius, depositis armis, omnique belluina, posthabita ferocitate, demum, cum omni humilitatis devotione, introeat. Femina, vero,

Admettons cependant que Duchesne ait une opinion bien éclairée sur un manuscrit qu'il n'a pas vu ou qu'il n'a pas bien lu ; oserait-il soutenir que personne ne puisse et ne doive penser autrement que lui ? Que Faillon « étant provençal, ait été dispensé d'avoir de la critique », soit ; mais les savants Bollandistes Van-Hecke et Benjamin Bossüe, n'étant pas provençaux, n'ont pas usé de la même dispense et, cependant, tous les deux sont d'accord avec Faillon pour faire remonter cette Vie au IXᵉ siècle.

Le P. Van-Hecke hésite à décider si Raban Maur en est bien l'auteur, à cause de plusieurs erreurs grossières qui s'y trouvent et que n'aurait pas commises sa vaste érudition, erreurs cependant qui peuvent être le fait de quelques copistes ou de quelques interpolations, comme cela arrive si fréquemment dans des manuscrits postérieurs à l'original. Mais sur l'époque de l'œuvre même il est très catégorique. « Je ne fais, dit-il, nul doute d'adopter pleinement l'opinion qui place au IXᵉ siècle l'apparition de ce livre. » Et après avoir exposé les motifs de son assentiment, il ajoute : « Il devient par là manifeste que l'auteur de ce

nulla, unquam, alicujus temeritatis audacia in illud sanctissimum templum ingredi præsumpsit, cujuscumque conditionis, ordinis aut dignitatis haberetur. Vocatur autem monasterium illud : Sancti Maximini abbatia, quod est constructum in præfato Aquensi Comitatu, rebus omnibus, honoribusque ditatum valde ».

livre a dû vivre au IX° siècle et sur ce point je suis tout à fait de l'avis de Faillon (1). »

Le P. Benjamin Bossüe n'a pas les hésitations de son confrère le P. Van-Hecke sur l'auteur de cette Vie : il nie carrément qu'elle soit l'œuvre de Raban Maur. Mais que pense-t-il de l'œuvre elle-même ? « Je crois, dit-il, que le livre récemment publié, le manuscrit d'Oxford, bien qu'il faille l'attribuer à un autre qu'à Raban, *démontre* qu'au IX° siècle la tradition touchant l'apostolat de ces saints (de Provence) était en pleine vigueur, et que sur ce point, les assertions contraires de Launoy ne méritent aucune créance, *omnino deserenda* (2). »

Je livre Raban à son propre sort. Mais la *Vie*, étant du neuvième siècle, fait remonter à plus de quatre cents ans la date que Duchesne donne à « l'idée des gens du pays ».

Après tous ces documents, que pensent les admirateurs de Duchesne qui affirme qu'il n'y a aucun texte avant 1279 ?

____

(1) *Acta Sanctorum*, 8° vol. *octobre*, p. 29, t. LVI : « Equidem nullatenus dubito consentire plane in sententiam qua statuitur sæculo IX editus liber... Eatenus cum R. D. Faillon omnino consentio ».
(2) *Acta Sanct.*, 9° volume., *Oct.*, t. LVII, p. 452.

CHAPITRE DEUXIÈME

La Marie-Madeleine de Vézelay

Pour cette question, le mieux est de mettre sous les yeux du lecteur intelligent et impartial, les documents cités par les adversaires. Il verra qu'au lieu de contredire le culte provençal de Marie-Madeleine, ces documents en sont la confirmation.

Duchesne écrit :

1° « C'est sous le gouvernement de l'abbé Geoffroy, installé en 1037, que l'on vit, pour la première fois, apparaître à Vézelay le culte et le pèlerinage de sainte Marie-Madeleine. Vézelay devint alors le sanctuaire de sainte Madeleine, tout comme Fleury était celui de saint Benoît. Le nom de sainte Madeleine entra dans la titulature officielle de l'abbaye dès l'année 1050... Ces hommages s'adressaient à un tombeau. Le corps de la sainte était censé reposer dans l'église du monastère (1). »

D'où provenaient ces reliques ? A cette question importune posée par de nombreux pèlerins, il fallait se décider à fournir une réponse. Elle fut

(1) *La Légende*, p. 7 et 8.

donnée dans une relation qui remonte au onzième siècle. La voici :

« Beaucoup demandent comment le corps de Marie-Madeleine, morte en Judée, a pu être apporté d'aussi loin dans les Gaules. Mais il n'y a qu'un mot à leur dire : c'est que rien n'est impossible à Dieu qui fait tout ce qu'il veut, et pour qui rien n'est difficile de ce qui est utile au salut des hommes. Ce qu'on peut affirmer, c'est que ceux qui ont nié ou douté ont été punis et forcés de s'en repentir. D'ailleurs, Marie-Madeleine est apparue, en ce lieu, à plusieurs personnes et à moi-même, pendant que je m'appliquais à écrire ce récit. Elle m'a même fait entendre cette parole : « Je suis bien celle que l'on croit être ici. » Et où serait-elle puis-qu'en aucun lieu autre que Vézelay l'on n'affirme posséder ce corps (1). »

« Ces explications, remarque Duchesne, ne sem-blent pas avoir eu beaucoup de succès. Les moines de Vézelay durent s'ingénier à trouver autre chose pour accréditer leur possession (2) ».

Mais où fut la cause de cet insuccès ? ne fut-elle pas dans la connaissance que tout le monde avait de la tradition concurrente de la mort de Marie-Madeleine en Provence ? La réponse est bien claire

. (1) Faillon, t. II, p. 739 ; Manuscrits de la Bibliothè-que Royale : *Bigottanus*, 171 ; *Regius*, 3054, 3 ; *Catalog.* 5296, B, p. 140-143.
(2) *La Légende*, p. 9.

dans les nouvelles relations que publièrent les moines de Vézelay :

« Comment sont parvenus chez nous les corps de Marie-Madeleine et du saint évêque Maximin, nous allons le dire en quelques lignes.

« Du temps de Carloman, roi des Francs, l'évêque Adalgar vint providentiellement à Vézelay, avec l'illustre chevalier Adelelme, frère d'Eudes, abbé du monastère... Dans un de ses pieux discours, le pontife vint à parler du grand amour que Marie-Madeleine avait eu pour le Christ. Touché jusqu'aux larmes, Adelelme s'écria : « De cette sainte dont vous célébrez les « vertus, j'ai vu dans mon enfance, le glorieux « tombeau ; e. je sais où il se trouve. » A ces mots, l'abbé, enflammé de zèle, se jette aux pieds d'Adalgar, baise les mains du chevalier son frère et demande qu'on aille à la recherche... Les préparatifs sont aussitôt faits ; et moines et soldats partent avec Adelelme...

« Arrivés dans la ville d'Arles, ils voient toute la région dévastée par les cruels Sarrasins ; mais, pleins de confiance à la parole du bienheureux pape Grégoire : « Gardons la volonté de faire bien et Dieu nous viendra en aide », ils continuent leur route et arrivent à l'endroit où était caché le double trésor. A peine se sont-ils emparés des corps de la glorieuse Marie-Madeleine et du bienheureux confesseur du Christ Maximin, que, sans avoir été avertis à temps par le soldat posté en sentinelle, ils se trouvent environnés d'une multitude de Sarrasins. Alors, invoquant les saints dont ils emportent les reliques, ils furent miraculeusement protégés par une nuée qui les déroba aux yeux des barbares, et leur permit d'exécuter leur dessein en toute sûreté (1). »

Dans une troisième relation, le récit est tout autant curieux :

« L'an sept cent quarante-neuf, régnait une heureuse paix qui favorisa le progrès de la religion chrétienne. Gérard de Bourgogne et Berthe, son épouse, consacrèrent leur fortune à la construction d'églises et de monastères. Mais les perfides Sarrasins, envahissant la Provence, détruisent Aix, la capitale, et s'en vont semant partout les ravages et l'épouvante... Or, l'on savait, *au loin et depuis longtemps, que le corps de la bienheureuse Marie-Madeleine avait été enseveli, dans le territoire d'Aix, par le saint pontife Maximin, dont les restes y furent aussi déposés.* En apprenant cela, Gérard et Eudes, abbé du monastère de Vézelay, envoyèrent le Frère Badilon pour s'enquérir de l'endroit précis où se trouvaient ces corps précieux.

« Celui-ci, après bien des recherches, finit par réussir. Le tombeau indiquait bien quel corps y était renfermé : car, sur toute la surface, il y avait,

<hr>

(1) Faillon, t. II, p. 741 : Manuscrit de la Bibliothèque du Roi : *Notre-Dame* 101, in-folio.

en sculpture, les scènes évangéliques où Marie-Madeleine fait l'onction, dans la maison de Simon ; où elle s'adresse à Jésus qu'elle a pris pour un jardinier ; où elle interroge l'ange ; et où elle annonce aux apôtres la résurrection du Sauveur...

« Plein de joie à la vue du mausolée, Badilon ne sait trop s'il doit prendre le corps ou revenir ; mais la sainte lui apparaît, et Badilon retournant, de nuit, au sépulcre, prend le corps sacré, le dépose avec soin sur un chariot, et, par la route de Salon, arrive jusqu'à Vézelay (1). »

Quel fut le résultat de ces nouvelles histoires ? Duchesne répond qu'« il ne vint de Provence aucune réclamation et l'opinion donna pleine créance aux explications des religieux bourguignons » (2).

En bonne critique, cette réponse n'est pas suffisante : De ce document, il y a d'autres conclusions à tirer. Du silence du premier hagiographe au sujet de la sépulture de Marie-Madeleine en Provnce, Duchesne a conclu « qu'il n'avait pas le moindre vent d'une tradition concurrente ». De ce qu'en disent les deux autres hagiographes, ne doit-on pas conclure que cette tradition était connue *a multis, olim, longe lateque*, de beaucoup, bien au loin et depuis des siècles ?

(1) Faillon, t. II, p. 745-752 : Bibliot. Roy., ms. *Navarre*, 26 bis
(2) *La Légende*, p. 13.

S'il ne vint de Provence aucune réclamation, c'est que, ne sachant pas le lieu précis où, à la suite des dévastations sarrasines qui avaient ruiné l'église de Saint-Maximin (1) se trouvait le tombeau de Marie-Madeleine, l'on ne pouvait vérifier si l'enlèvement avait réellement été accompli ; ou bien, si l'on connaissait l'endroit, on ne réclama pas, parce qu'on ne pouvait douter de la puissance ni de l'habileté de ceux qui avaient été chargés de cette entreprise.

Mais à quelque hypothèse que l'on veuille recourir, les documents imposent cette rigoureuse conclusion :

Le peuple a cru que Vézelay possédait le corps de Marie-Madeleine, lorsque Vézelay a affirmé que ce corps lui venait de Provence.

Donc, la tradition antérieure était que Marie-Madeleine, avait son tombeau en Provence ; et la pleine créance donnée aux explications des religieux bourguignons confirme notre tradition séculaire.

2° Cependant, la Provence ne pouvait enregistrer tels quels des récits qui, tout en confirmant ses antiques traditions, lui ravissaient les reliques de son apôtre. Aussi bien, songea-t-elle à s'assurer si l'enlèvement avait pu être opéré.

Il y eut, dans ce but, un de ces mouvements

(1) Manuscrit du x° siècle. Bibliothèque du roi, *Notre Dame*, 101.

d'opinion populaire qui ne s'apaisent que devant une entière satisfaction.

On s'en émut à Vézelay, et l'on s'y prépara à la défense. « Soit, dit Duchesne, que les esprits eussent travaillé en Provence, pour causer quelque inquiétude ; soit que des défiances fussent venues d'ailleurs, toujours est-il qu'en 1265, les moines de Vézelay jugèrent à propos de faire authentiquer leurs reliques.

« Deux évêques, celui d'Auxerre et celui de Panéade, furent priés par eux de faire les recherches nécessaires. Ces prélats s'associèrent l'abbé de Saint-Marien d'Auxerre et le préchantre de la cathédrale de Sens. Des fouilles furent pratiquées en leur présence : elles amenèrent la découverte d'ossements de femme, auxquels étaient joint un certificat signé du roi Charles. »

« Ce certificat, continue Duchesne, il faut l'avouer, n'est pas d'une teneur bien rassurante, et, quant au roi Charles, il est difficile de savoir quel est, parmi les princes de ce nom, celui que l'on a entendu désigner. J'ai bien peur que, comme il est arrivé parfois dans les enquêtes de cette nature, on ait préparé quelque peu la découverte.

« Les reliques ainsi mises au jour furent l'objet d'une translation solennelle, à laquelle assista le roi de France saint Louis avec plusieurs princes français, le cardinal Simon, légat du Pape, et d'autres prélats. On n'a plus le procès-verbal officiel de cette cérémonie ; mais, peu après, des lettres du roi et du légat, adressées aux moines de Vézelay, visent, en termes fort clairs, leurs titres à la possession des restes de sainte Madeleine (1). »

Il y a plus que la lettre du légat. Simon de Brion, devenu Pape, sous le nom de Martin IV, envoyait une partie des reliques à la translation desquelles il avait présidé en 1267 ; et, dans une Bulle de 1281, il disait que *« le glorieux corps de la sainte repose dans le monastère de Vézelay : apud monasterium Viziliacum ubi gloriosum requiescit corpus ipsius. »*

Ignorait-il la découverte du tombeau de Madeleine qui avait été faite à Saint-Maximin, le 6 décembre 1279 ? Etait-il encore dans l'erreur où les moines de Vézelay l'avaient entraîné par leur tromperie célébrée avec tant d'éclat ? C'est le plus probable.

Duchesne n'est pas de cet avis.

« Charles d'Anjou, dit-il, était très intimement lié avec le pape Martin IV. *Peut-être*, celui-ci étroitement engagé avec Vézelay, aura-t-il eu quelque scrupule à laisser s'établir le nouveau culte provençal. Son avènement est du 22 février 1281. *Je soupçonne* qu'il n'aura pas donné tout de suite son approbation ; et que ce fut seulement en 1283 qu'il l'accorda ou du moins qu'il laissa les mains libres au roi de Sicile (2). »

(1) *La Légende*, p. 21-22.
(2) *La Légende*, p. 23.

Peut-être, je soupçonne, ne laissent pas à Martin IV une attitude en harmonie avec la droiture de son caractère et la sainteté de sa vie.

Quoi qu'il en soit, quand on connaît les tragiques événements qui, pendant une période de cinq ans, causèrent aux Papes tant d'alarmes, et imposèrent tant de fois leur suprême intervention, l'on comprend aisément que tous ces graves soucis ne leur auront pas laissé le temps d'examiner la découverte de Saint-Maximin, au cas où elle leur aurait été soumise.

Ce n'est qu'en 1294 que le génie et la vertu de Boniface VIII, ayant ramené la paix dans les nations rivales, la question de la découverte de Saint-Maximin put être étudiée à Rome.

La solution de cette grave affaire allait confondre Vézelay et réjouir la Provence.

CHAPITRE TROISIÈME

L'Invention des Reliques de Sainte Marie-Madeleine

« Les moines de Vézelay, dit Duchesne, avaient commis une grave imprudence, en indiquant avec tant de précision le lieu de provenance de leurs reliques.

« Il y avait là comme une attache préparée pour des revendications futures. Les Provençaux ne pouvaient laisser dire indéfiniment qu'on leur avait volé leur sainte » (1).

« Mais il était évident, dit Albanès, que le problème était insoluble, aussi longtemps que les reliques échappaient à la vue. Des recherches bien dirigées pouvaient seules permettre de déterminer, d'une manière irrécusable, si les religieux bourguignons avaient réellement enlevé à la Provence le corps de la sainte pénitente ou si la Provence n'avait pas cessé de les posséder. »

Ces recherches, au dire de quelques historiens, allaient être commencées par Charles d'Anjou, en 1254, un mois après le double pèlerinage de son frère le roi saint Louis, à la Sainte-Baume et à Saint-Maximin. Mais les luttes incessantes contre les villes libres de la Provence, et, bientôt après,

(1) *La Légende*, p. 13.

l'affaire de Naples vinrent l'empêcher d'exécuter son projet. C'est aux soins pieux de son fils qu'étaient réservés l'honneur et le succès d'une aussi sainte entreprise.

Loin d'être sainte, l'entreprise, d'après Duchesne, ne devait être qu'une tromperie. « L'invention de 1279, déclare-t-il, avait été préparée (1). »

L'accusation est grave. Est-elle juste ? Non, elle va contre le témoignage d'historiens dont la valeur, la probité, l'indépendance sont indéniables ; et si jamais un fait historique fut bien établi, c'est celui de l'invention.

§ 1. — *Les historiens*

Les historiens qui l'ont racontée, sont principalement :

Frà Salimbene, moine franciscain, venu déjà à la Sainte-Baume en 1254 ; *Ptolémée de Lucques*, évêque de Torcelle, près de Venise : *Bernard Gui*, évêque de Lodève ; *Philippe de Cabassole*, chancelier de la reine Jeanne.

1° *Frà Salimbene* est, d'après Duchesne, « un célèbre historien franciscain. Il inséra le récit de cette découverte dans la *chronique*, écrite au jour le jour, et par suite absolument contemporaine. »

(1) *La Légende*, p. 35.

Duchesne qui fait cet éloge de cet historien et de son histoire résume ainsi son récit :

« Salimbene rapporte donc qu'en 1283, l'on découvrit, à Saint-Maximin, en Provence, le corps de la Bienheureuse Marie-Madeleine, au complet, sauf une jambe. Il était accompagné d'une épitaphe si ancienne qu'on eut de la peine à la déchiffrer, « même en s'aidant d'un cristal. » Le roi Charles d'Anjou, qui était alors en Provence et se rendait à Bordeaux pour son célèbre duel avec Pierre d'Aragon, donna des ordres pour que la découverte fût célébrée avec la plus grande pompe. Le chroniqueur franciscain s'applaudit fort de cet événement qui mettra, pense-t-il, un terme aux querelles que l'on se fait à propos des reliques de Madeleine (1). »

2° *Ptolémée de Lucques* note, au pontificat de Nicolas III, que « le prince de Salerne, plus tard roi de Sicile, releva et transféra le corps de Marie-Madeleine qu'on venait de découvrir dans un tombeau de marbre, à l'endroit même où saint Maximin l'avait placé, dans la ville qui porte son nom. Il enferma la tête de la sainte dans une très belle châsse ornée d'argent, d'or et de pierres précieuses.

« A cette translation assitèrent les archevêques de Narbonne, d'Arles et d'Aix ; plusieurs évêques,

_____

(1) *La Légende*, p. 23-24 ; *Monumenta Parmensia*, p. 291 et suiv.

un grand nombre d'abbés, de religieux, de seigneurs et de nobles. La garde de ces précieuses reliques fut confiée aux Frères Prêcheurs (1). »

Duchesne enregistre ce récit sans le moindre commentaire.

3° *Bernard Gui* raconte ainsi la découverte : « L'an de grâce de Jésus-Christ MCCLXXIX et le IX du mois de décembre, le prince Charles, fils du roi de Sicile, comte de Provence, et plus tard lui-même roi de Sicile, désirait ardemment trouver le corps de sainte Marie-Madeleine. Avec autant de zèle que de piété, il se mit à faire des recherches dans le saint oratoire où Maximin, l'un des soixante-dix disciples de Jésus-Christ et premier évêque d'Aix, avait enseveli cette Bienheureuse, comme en *font foi des actes antiques et authentiques*. Cet oratoire se trouve dans la ville qui porte aujourd'hui le nom du pontife : *Saint-Maximin*.

« Ayant enlevé la terre qui était au milieu du sol et ouvert tous les tombeaux qui étaient rangés des deux côtés, l'on trouva le corps de la très sainte Madeleine, non dans le tombeau d'albâtre où il avait été primitivement enfermé et que l'on voit encore avec ses sculptures historiques, mais

______

(1) *Historiæ Ecclesiasticæ* a fratre Ptolomæo de Luca, ordinis Fratrum Prædicatorum, libri. Ms. de la Bibliothèque du Roi à Paris, collationné sur celui de la Bibliothèque du Vatican, in-folio, 5127, livre XXIII, chap. 35 : Faillon, t. II, p. 775 ; Muratori, *Scrip. rerum Italicarum*, t. XI, col. 1184.

dans un autre tombeau de marbre... Il se produisit de nombreux miracles que j'ai entendu moi-même raconter par ceux qui en avaient été les témoins...

« Dans ce tombeau, à côté du corps, l'on trouva dans un coffret de bois, disposé de manière à résister à la corruption, un parchemin très ancien, irrécusable et éclatant témoignage de vérité. Il portait cette inscription : *L'an de la Nativité du Seigneur DCCX, VIe jour de décembre, dans la nuit et très secrètement, sous le règne du très pieux Eudes, roi des Français, au temps des ravages de la perfide nation des Sarrasins, ce corps de la très chère et vénérable sainte Marie-Madeleine a été, par crainte de ladite perfide nation, transféré de son tombeau d'albâtre, dans ce tombeau de marbre, après en avoir enlevé le corps de Sidoine, parce qu'ici il est mieux caché* (1).

« Ce parchemin très ancien, je l'ai lu moi-même qui écris ce récit et je l'ai vu dans la sacristie où on le conserve comme un témoignage de vérité.

« Le prince et comte Charles, toutes choses ayant été examinées avec la plus grande attention, convoqua les archevêques de Narbonne, d'Arles et

____

(1) « Anno Nativitatis Dominicæ DCCX, VI die mensis Decembris in nocte secretissime, regnante Odoyne piissimo rege Francorum, tempore infestationis gentis perfidæ Sarracenorum, translatum fuit corpus hoc carissimæ ac venerandæ beatæ Mariæ Magdelenæ de sepulcro suo alabaustri in hoc marmoreo, timore dictæ gentis perfidæ, et quia secretius est hic, amoto corpore Sedonii. »

d'Aix ; d'autres évêques et prélats ; des abbés et des religieux ; ses barons, le clergé et le peuple. Le corps de la bienheureuse Madeleine fut relevé le 3 des nones de mai (6 mai), l'an du Seigneur MCCLXXX, et renfermé dans une châsse précieuse enrichie d'or, d'argent et de pierreries...

« Alors, dans les recherches faites par le même Charles, en compagnie des prélats, l'on trouva dans le tombeau cette autre inscription très ancienne qu'on eut beaucoup de peine à déchiffrer : *Ici, repose le corps de Marie-Madeleine. Hic requiescit corpus Mariæ Magdalenæ.*

« Charles, devenu roi de Sicile, établit le couvent des Frères Prêcheurs qui remplacèrent ainsi, par décision du pape Boniface VIII, les moines de Saint-Victor de Marseille, l'an 1295. En l'honneur de sainte Marie-Madeleine, le roi fit élever une superbe église qu'il enrichit de dons magnifiques (1). »

Dans le *Miroir Sanctoral*, Bernard Gui fait le même récit dans les mêmes termes. Il redit que la première inscription était conservée dans la sacristie ; et il ajoute que la seconde, qui était de beaucoup plus courte, avait été trouvée enfermée dans un globe de forme ronde, enduit de très vieille cire qui la mettait à l'abri de l'air (2).

(1) *Scriptores Ordinis Prædicatorum*, t. II, p. 576 ; Muratori, *Script.*, t. III, 1ʳᵉ partie, p. 607 ; Faillon, t. I, 681 ; t. II, p. 777.

(2) *Bernardi Guidonis Sanctoralis* pars IV ; Manuscrit de la Bibliothèque du Roi, 5406 ; Faillon, t. II, p. 782.

4° *Philippe de Cabassole* donne aussi des détails bien précieux. « Lorsque Charles de Salerne eut trouvé l'endroit qui lui avait été signalé par les *écrits* et les *récits* des vieillards, il travailla lui-même à enlever la terre qui remplissait la crypte. Il vit alors, à la droite d'un tombeau d'albâtre, un tombeau de marbre plus commun, duquel s'échappa un délicieux parfum. L'ayant fait ouvrir, il y trouva un écrit, disant que le corps sacré de la Bienheureuse avait été caché là plus sûrement, par crainte des Sarrasins.

« A la tête manquait la mâchoire inférieure, et sur l'os frontal était resté intact un morceau de chair.

« Devant ces reliques bénies, le roi, ayant prié et versé un torrent de larmes, donna l'ordre de recouvrir le tombeau et d'y apposer son sceau. Le 3 des nones de mai (6 mai), le roi convoqua les prélats du royaume et de la Provence, et ayant constaté que les sceaux étaient intacts, il les fit rompre et ouvrir le tombeau. Au milieu des reliques, l'on trouva un globe enrobé de cire et, à l'intérieur, cette courte inscription : « *Ici repose le corps de Marie-Madeleine.* »

« Sur l'ordre du prince, les prélats retirèrent les ossements, les enveloppèrent dans une étoffe précieuse et les portèrent en procession, aidés par vingt religieux.

« Cependant, Charles de Salerne, désirant informer le pape de cette découverte, porta lui-même à

Rome les deux inscriptions et la tête de sainte Marie-Madeleine. Le pape, sachant qu'on possédait dans les reliquaires du Latran une relique de la même sainte, la fit apporter ; et put constater qu'elle s'adaptait parfaitement au bas de la mâchoire ; il la remit au roi qui s'en montra tout heureux et reconnaissant (1). »

Duchesne ne fait pas la moindre allusion à ce récit bien gênant de Philippe de Cabassole. Peut-être lui a-t-il suffi, pour se donner raison, de ce qu'il a vu dans le texte de Bernard Gui, puisque c'est contre lui seulement, ou du moins contre son récit qu'il part en guerre.

« Cette histoire (de la découverte), dit-il, notre chroniqueur l'a reproduite deux fois, dans sa *Vie de Nicolas III* et dans son *Sanctoral*. Plusieurs détails s'y présentent, il est vrai, avec *une apparence merveilleuse*, propre à exciter *certains soupçons*. Cependant, on peut se dispenser d'insister sur ce point. Prenons le récit pour vrai (2). »

Est-ce là vraiment une digne manière de disputer ? Cette *apparence merveilleuse*, ces *certains soupçons* ne sont-ils pas des reproches trop graves pour être donnés ainsi sans précision ?

Tout d'abord, Duchesne ne devait-il pas reproduire le texte de Bernard Gui, ne devait-il pas loyalement faire connaître à ses lecteurs le récit

(1) Philippe de Cabassole : Manuscrit de la Bibliothèque du Roi, 1072 fol. 55 et suiv. ; Faillon, t. II, p. 790-795
(2) *La Légende*, p. 25.

contre lequel il leur parle ? Non, ils doivent le croire, sans exiger plus de lumière et plus de respect pour l'historien mis en cause.

Launoy ne recourut pas au système de « l'apparence merveilleuse ». Il déclara nettement que « ceux qui avaient machiné la découverte furent les Dominicains » (1) ; « qu'eux seuls avaient inventé les inscriptions et les avaient cachées où ils voulaient qu'on les trouvât (2) ; et que « les deux principaux acteurs de cette vilaine comédie étaient Guillaume Tonnesio (*sic*), conseiller et confesseur du Roi, et le Vénérable Père Elie, qui avait de nombreuses révélations au sujet des reliques de sainte Marie-Madeleine (3). »

Or, les Dominicains ne furent établis à Saint-Maximin qu'en 1295, quatorze ans après la découverte. Guillaume de Tonneux, qui ne fut jamais le confesseur du Roi, ne fut probablement jamais installé à Saint-Maximin ; et en 1279, le Bienheureux Père Elie n'était pas encore né (4). Vraiment,

---

(1) « Procurantibus suis fratribus, nova facta est inventio Magdalenæ. » (Launoy, *De commentitio*, p. 79).

(2) Facta ab iis inscriptio, qui occultarunt quod invenire voluerunt, qui quod invenire voluerunt, invenerunt » (*Varia de commentitio*, p. 369).

(3) Dijudicantibus potissimum inter hæc omnia duobus fratribus ordinis. Prædicatorum altero Guillelmo Tonnesio, qui Carolo regi a consiliis erat et confessionibus ; altero, venerabili patre Elia, cui multa de Magdalenæ reliquiis revelabantur. » (*De commentitio*, p. 93).

(4) Albanès, *Histoire du couvent de Saint-Maximin*, p. 49-54.

avant de naître, avoir tant d'influence et de si sublimes révélations, c'est bien un cas « d'apparence merveilleuse ».

Voilà comment, pour nier la sincérité de tous ces documents, Launoy accumula mensonges et erreurs. Ceux qui ont cru à sa parole ont eu le châtiment qu'ils méritaient. Aveugles conduits par un aveugle, ils sont tombés dans la même fosse.

Plus érudit que Launoy, Duchesne n'a pas vu à travers « l'apparence merveilleuse » ni les Dominicains, ni Guillaume de Tonneux, ni le Bienheureux Père Elie préparant la découverte. Il ne désigne personne ; donc, il n'a vu personne ; mais, comme la thèse exige que la découverte ait été « préparée », il a trouvé plus démonstratif de faire tomber le soupçon sur tout le monde, désigné par ce petit indéfini *on* qui rend, parfois, tant de services à certains historiens...

§ 2. — *Les témoins*

Quels seraient donc ces trompeurs ? Le prince Charles ? Mais, Charles de Salerne fut l'un des princes les plus religieux qui aient gouverné la Provence. Digne imitateur de son oncle saint Louis, il transmit à ses quinze enfants le plus bel héritage de vertus chrétiennes. Il eut la gloire d'avoir, dans son second enfant, l'illustre évêque Louis de Toulouse que l'Eglise a canonisé.

Déjà de son vivant, le roi Charles était considéré

comme un saint, et cette vénération publique le suivit après sa mort. Longtemps, à son tombeau élevé dans le monastère de Nazareth qu'il avait fondé, les foules vinrent prier et obtenir de miraculeuses guérisons (1). Un tel caractère pouvait-il se prêter à une supercherie sacrilège ?

Les preuves du contraire sont dans le récit de Philippe de Cabassole que le silence absolu de Duchesne n'a cependant pu effacer de l'histoire. En effet, tout ce que nous apprend ce vénérable cardinal ne révèle-t-il pas suffisamment la sincérité du prince ? La convocation des évêques et le soin qui leur est laissé de reconnaître eux-mêmes les saintes reliques ; l'envoi au pape des deux inscriptions, pour qu'à Rome on se rende compte de leur authenticité ; ces inscriptions exposées dans la sacristie pour que tous les visiteurs puissent les *examiner* : de la part d'un trompeur, toutes ces précautions ne seraient-elles pas les plus stupides imprudences ?

Duchesne voudrait-il accuser les archevêques de Narbonne, d'Arles et d'Aix ? Il a, plus que moi, fouillé tous les manuscrits et toutes les bibliothèques, et il sait que leurs noms sont restés, jusqu'à ce jour, avec toute leur auréole de savoir et de vertus. Je ne fais pas à leur mémoire l'injure de les défendre.

(1) *Annales de la sainte Église d'Aix*, p. 164. — Ex cod. ms. Sanmaximinensi.

§ 3. — *Le Recèlement*

Le prince et les prélats qui n'ont pu être des trompeurs n'auraient-ils pas été des dupes ? Duchesne ne l'affirme pas ; mais il se plaît à trouver étrange la façon dont fut opéré le prétendu recèlement de 710.

« Apprécions, dit-il, le dessein, et, pour ce faire, efforçons-nous d'entrer dans les préoccupations sous lesquelles la pièce est censée avoir été rédigée.

« Les Sarrasins sont proches ; ils menacent le pays de Saint-Maximin. Comment mettre le cher trésor à l'abri de la profanation ? Le plus simple, semble-t-il, était d'emporter les reliques de sainte Madeleine en dehors de l'église, de les cacher dans la montagne ou chez un particulier. C'est ainsi que l'on procéda au temps de la Révolution. Ici, rien de semblable. On ne les tire pas de la crypte : on se borne à les changer de sarcophages. Contre quels Sarrasins prend-on cette précaution naïve ? De ceux que nous connaissons et que les gens du huitième siècle connaissaient encore mieux que nous, on devait attendre le pillage du sanctuaire et des objets de prix qu'il pouvait renfermer ; subsidiairement, des dégâts matériels, des polissonneries, l'incendie enfin pour couronner la fête. Est-ce bien ces mécréants que l'on a eus en vue, et ne semble-t-on pas plutôt s'être défendu contre des Sarrasins en froc, capables de discerner entre sarcophage et sarcophage, et de forcer celui qu'ils croiraient abriter les meilleures reliques ?

« Ainsi, le dessein d'après lequel a été combiné le certificat trahit son origine. Les Sarrasins qu'il vise sont ceux de Vézelay.

« Quant aux autres, il est clair que jamais contemporain n'aurait parlé d'eux en ces termes (1). »

Si c'est tout ce qui a pu être relevé contre le recèlement de 710, c'est bien pauvre. D'abord, tout le monde n'est pas doué, autant que paraît l'être Duchesne, de cette perspicacité merveilleuse qui, dans des circonstances imprévues et urgentes, fait voir tout d'un coup le meilleur parti à prendre. Cependant, si l'on entre bien « dans les préoccupations sous lesquelles » agissaient ces moines, l'on doit reconnaître qu'ils ne furent ni trop maladroits ni trop imprudents.

1° Entre la Révolution et l'invasion des Sarrasins, il n'y a, en l'espèce, aucune comparaison à établir. En 93, les nobles et les prêtres étaient seuls exposés et les gens du peuple pouvaient fort bien emporter des reliques, quand surtout, on les avait dépouillées de leurs châsses d'or et d'argent, surtout convoitées.

Mais, à l'époque des Sarrasins, il n'en était pas ainsi. Sans dédaigner le pillage, ces sauvages détruisaient les reliques par haine, comme des cités entières par barbarie. Les demeures privées pou-

(1) *La Légende*, p. 26-27.

vaient être un jour ou l'autre la proie des flammes, et les particuliers avaient bien assez à faire de penser à leur propre salut (1). »

2° Il y avait d'autres sujets d'appréhension. Les particuliers garderaient-ils les précieuses reliques avec tout le soin et tout le respect nécessaires ? Même par dévotion, n'en laisseraient-ils pas détacher des parties considérables ; et, à la longue, qu'en resterait-il encore ?

Quand reviendrait le règne de la paix et de la liberté, les survivants des dépositaires voudraient-ils rendre le trésor confié ? Duchesne parle avec beaucoup d'assurance des particuliers qui, pendant la tourmente révolutionnaire, reçurent des reliques ; or, en bien des endroits, il y eut des particulières qui, à l'heure de la restitution, nièrent le dépôt sacré. L'histoire de la dame Faujanet refusant de rendre au curé de Sarlat la relique de saint Sacerdos qui lui avait été confiée (2), n'est pas aussi rare qu'on voudrait le croire.

Je pourrais personnellement citer l'exemple de la main de la Vierge noire de Sant-Victor qui, tombée et remise à la servante d'un prêtre attaché à la paroisse, ne m'a été remise qu'après toutes sortes de supplications, d'offres et de menaces.

3° Duchesne trouve aussi qu'il eût été plus sim-

---

(1) L'abbé Béguin dans *L'Univers*, numéro du 4 novembre 1895.

(2) *Vie de saint Sacerdos*, évêque de Limoges, par A.-B. Pergot, curé de Terrasson. Périgueux, 1865.

ple de cacher les reliques dans la montagne. Laquelle a-t-il en vue ? Saint-Maximin étant au centre d'une immense plaine, je me demande où pouvait être la direction la plus sûre. Eh bien ! soit, telle montagne est choisie ; mais ceux qui iront y emporter les reliques vivront-ils assez pour venir eux-mêmes les reprendre ? Pour que plus tard, peut-être dans des siècles, on puisse les retrouver, par quels signes prudents marquer cette cachette ? Quelles garanties contre le temps et les bêtes, l'insouciance ou l'impiété des hommes qui parviendraient à les découvrir ?

Or, le recèlement d'aussi précieuses reliques, opéré en perspective de tant de redoutables aléas, n'aurait-il pas été comme un défi jeté à la Providence ?

Quoi qu'en dise Duchesne, tous les moyens étaient dangereux. Ce que firent les moines, c'est ce qu'il y avait de mieux à faire. La crypte de Saint-Maximin, creusée au-dessous de l'église, n'a pas plus de quatre mètres de long, deux de haut et trois de large. Duchesne ne la connaît pas. Avec quelques mètres cubes de terre couvrir, jusqu'à la voûte, les tombeaux ; avec quelques pierres brutes, masquer l'entrée ; enlever cinq ou six marches et confondre les abords avec le niveau du sol, c'était la seule opération qui, avec moins de peine, donnait plus de sûreté pour dépister les Sarrasins.

D'ailleurs, l'hagiographie de France démontre surabondamment que les cryptes furent comme la cachette providentielle de la plupart des reliques, aujourd'hui en vénération dans nos églises. Je ne cite que quelques exemples.

Au cinquième siècle, les reliques de saint Hilaire, l'illustre évêque de Poitiers, pourquoi échappèrent-elles aux ravages des Vandales et des Goths ? Parce qu'elles avaient été enfouies dans une crypte.

Au septième siècle, les restes de saint Privat sont déposés dans la crypte dédiée à sainte Thècle et découverts en 1170, sous le pontificat d'Aldebert III, évêque de Clermont. Le corps du jeune martyr Symphorien est descendu au fond d'une étroite catacombe par saint Léger, et retrouvé, en 1467, par Rolin, évêque d'Autun. Comment les ossements de saint Bertin ont-ils été soustraits à la fureur des Normands ? En les cachant dans une crypte, sous l'antique chapelle de Saint-Martin.

Même au temps de la Révolution, ce moyen parut encore le plus sûr en maints pays. Le corps de saint Rambert ne fut sauvé que pour avoir été enfoui sous terre, dans un trou de la chapelle de la Vierge ; et si les ossements de saint Eutrope avaient été portés ailleurs que sous le sol de la crypte de Saintes, n'auraient-ils pas été à jamais perdus ?

4° Duchesne traite aussi le changement de sarcophages de « précaution naïve ». N'était-elle pas, au contraire, très rationnelle ? Si barbares que fussent les Sarrasins, ils savaient distinguer un marbre précieux d'un marbre vulgaire ; et ils pouvaient bien penser que lés reliques les plus vénérables devaient être dans le plus riche tombeau. Or, ne s'acharneraient-ils pas, de préférence, contre celles-là ; et, dans leur haine farouche, ne voudraient-ils pas les anéantir ? On ne fera pas, je pense, un crime aux religieux de Saint-Maximin d'avoir voulu sauver, avant tous les autres, le corps de la glorieuse amie de Jésus ?

D'ailleurs, il y avait à ce changement un autre motif bien plausible. Les tombeaux enfouis sous ces monceaux de terre, n'y resteraient-ils pas peut-être de longs siècles ? Dans ce cas, c'est le tombeau de Sidoine, beaucoup plus lourd et plus résistant, qui abriterait mieux les reliques de Marie-Madeleine ; surtout si on voulait le descendre dans une fosse creusée plus pronfondément ; tandis que le sarcophage primitif, étant plus fin et plus délicat, risquerait plus vite de s'effriter.

Cette précaution bien simple ne parut pas toujours « naïve ». L'église de Saint-Agricol, profanée aux premières attaques de la Révolution, ne fut rendue au culte qu'en 1795. Qu'étaient devenues les reliques du grand patron d'Avignon ? L'abbé Pignatelli, curé assermenté, les avait cachées. Où ? Au fond d'un tombeau vulgaire et voisin du chœur (1).

____

(1) *Vie de saint Agricol*, par Augustin Canron.

5° Pour prouver que la découverte avait été préparée, Duchesne s'en prend aussi à la façon dont l'inscription parle des Sarrasins. « Il est clair, dit-il, que jamais contemporain n'aurait parlé d'eux en ces termes. » Et en quels termes en aurait-il parlé ? Dans l'inscription, les Sarrasins sont appelés par deux fois *perfidæ nationis*, peuple perfide, traître, infidèle ; leur invasion est qualifiée de *tempore infestationis*, temps de ravages, de ruines, de périls.

Mais Duchesne reconnaît lui-même que les gens du huitième siècle savaient déjà que des vrais Sarrasins on devait attendre le pillage des sanctuaires et des objets de prix, des polissonneries, l'incendie. Que fallait-il de plus pour justifier les termes de l'inscription ?

Donc, les moines, en 710, en opérant, comme ils le firent, le recèlement du corps de Marie-Madeleine, agirent avec une habileté et une prudence parfaites.

Ce sont eux et non les trompeurs de 1279 qui, par toutes ces sages précautions « préparaient » la découverte ; comptant bien qu'un jour, « *Celui qui veille sur les ossements des justes* (1) » rendrait à la vénération des Provençaux les restes sacrés de leur apôtre bien-aimée.

____

(1) *Ps. XXXIII*, v. 21.

CHAPITRE QUATRIÈME

L'Inscription de 710

Toutes les preuves qui démontrent la sincérité de l'invention des reliques de sainte Marie-Madeleine à Saint-Maximin ne sont, pour Duchesne, qu'un échafaudage fantasmagorique. Pour le démolir entièrement, une seule pièce lui suffit.

« Tenons le récit pour vrai, dit-il, l'examen de l'un des objets trouvés avec les reliques *suffira* à prouver que la « découverte » avait été préparée.

« Cet objet, c'est l'inscription signalée par Frà Salimbene, Philippe de Cabassole, et reproduite par Bernard Gui.

Texte Original

« L'an de la Nativité du Seigneur DCCX, VIe *jour de décembre dans la nuit et très secrètement, sous le règ.   du très pieux Eudes, roi des Francs, au temps des ravages de la perfide nation des Sarrasins, le corps de la très chère et vénérable sainte Marie-Madeleine a été, par crainte de ladite perfide nation, transféré de son tombeau d'albâtre, dans ce tombeau de marbre, après en avoir enlevé le corps de Sidoine, parce qu'ici, il est mieux caché. »*

« Que cet authentique soit apocryphe, dit Duchesne, c'est ce qui crève tous les yeux non provençaux (1). »

Aimables préliminaires ! Mais ne nous en fâchons point : nous allons nous trouver en bonne compagnie.

Article Premier

Preuves d'autorité

1° Bernard Gui, né dans la Haute-Vienne, au village de Boyères, commune de La Roche-l'Abeille, n'est pas provençal. Il a donc de bons yeux. Et c'est avec ces bons yeux qu'il a lu le vieux parchemin. Il nous en fait le serment : « *hunc cartellum vetustissimum legi ego ipse qui hæc scribo.* » Ce n'est pas un autre qui l'a vu pour lui ; c'est lui-même qui l'a vu dans la sacristie, conservé comme un témoignage de la vérité : « *et vidi ibidem in sacrario reservari in monumentum veritatis.* »

Ce parchemin avait-il été usé et vieilli pour la circonstance ? Les caractères de l'inscription étaient-ils de forme ancienne ou contemporaine ? L'encre elle-même accusait-elle cinq siècles ou seulement quelques années ? ou quelques jours ? Voilà autant de points qui auront tout naturellement provoqué son attention. Aurait-il été incapable de cette simple critique matérielle ? Le sou-

_____

(1) *La Légende*, p. 26.

tenir, c'est ignorer ce qu'ont dit de lui Sponde, Raynaldi, Baluze et Muratori qui les résume tous : « Le nom de Bernard Gui, dit-il, est illustre parmi les historiens ecclésiastiques ; et sa réputation est tellement établie dans les ouvrages des savants qu'il serait superflu d'ajouter quelque chose sur sa vie et ses écrits (1). »

A cette appréciation de Muratori vient s'ajouter un autre jugement. Il est porté par l'homme que Duchesne tient, à bon droit, pour un des maîtres les plus renommés de la critique contemporaine, et qui à sa science profonde unit cette fière indépendance d'esprit qui rend un écrivain toujours sincère : c'est Léopold Delisle, membre de l'Institut. Il a consacré une étude complète aux manuscrits (2) de Bernard Gui.

Qu'on veuille bien lire avec des yeux « non provençaux » :

« Né dans le Limousin, en 1261 ou 1262, Bernard entra, tout jeune encore, dans l'ordre des Frères Prêcheurs, au couvent de Limoges. « Il ne

______

(1) « Inter scriptores ecclesiasticos illustre est nomen Bernardi Guidonis atque illius fama ita vulgata in eruditorum libris, at superfluum plane foret aliquid adferre de ejus vita et scriptis » (*Rerum Italicarum Scriptores*, t. III, pars I, *prolegomen*).

(2) *Notice sur les Manuscrits de Bernard Gui*. Extrait du tome XXVII, 2e partie des *Notices et Extraits de Manuscrits*. Paris, Imprimerie Nationale, 1879. Cf. le compte rendu par M. le chanoine Ulysse Chevalier, dans les *Lettres chrétiennes*, 2e année.

tarda pas à être distingué comme un religieux sur lequel on pouvait fonder de hautes espérances. » Successivement prieur d'Albi, de Carcassonne, de Castres et de Limoges où il reçut le pape Clément V, inquisiteur de France, procureur général de son ordre, il fut chargé par Jean XXII d'aller en Italie pacifier ce pays, alors troublé par des dissensions intestines.

« Dans les circonstances les plus graves et les plus diverses, Bernard avait fait preuve d'une infatigable activité et d'une inépuisable fécondité de ressources. L'épiscopat n'était pas au-dessus de ses mérites (1). »

« Au milieu d'occupations si multiples et si absorbantes, Bernard Gui sut trouver le temps nécessaire pour composer des ouvrages historiques *d'une étendue et d'une valeur considérables.* Depuis sa jeunesse jusqu'à la veille de sa mort, il a tenu la plume pour préparer, rédiger et compléter d'immenses compilations qui embrassent l'histoire générale, l'hagiographie, les annales des Dominicains, et différents détails d'histoire civile et religieuse (2). »

« Il nous a conservé, sur l'histoire du Midi de la France, au XIIIᵉ siècle, et au commencement du XIVᵉ siècle, *une multitude de renseignements précieux, dont l'équivalent n'existe nulle part ailleurs.*

(1) *Notice sur les Manuscrits de Bernard Gui*, p. 184.
(2) *Ibid*, p. 184.

« Un autre genre de mérite ne saurait lui être contesté : il a épuisé tous les moyens qu'on avait de son temps pour arriver *à la connaissance de la vérité* (1).

« Il a compulsé les registres ; il a lu beaucoup de chartes originales, pour en tirer soit des éléments chronologiques, soit des notions sur la vie des grands personnages, ou sur l'origine des églises. *Il portait le scrupule jusqu'à marquer l'état matériel des documents qui lui passaient par les mains* (2). »

« Suivant des procédés que la critique moderne ne désavouerait pas, Bernard s'attache à distinguer nettement ce que, de son chef, il ajoute aux citations d'auteurs plus anciens ; il met en balance les témoignages contradictoires ; il discute les dates, et ne confond pas *ce qui est simplement probable* avec *ce qui lui paraît démontré* (3). »

Après cet éloge venant d'un tel juge, soutenir que Bernard Gui a pu prendre pour authentique un manuscrit frauduleusement fabriqué, c'est d'une audace et d'une injustice criantes.

2° Les prélats qui, les premiers, virent l'inscription, Bernard de Languisol, Grimeric de Vicedominicis, avaient-ils aussi des yeux provençaux ? A la vétusté du coffret de bois, aux précautions prises pour le fermer hermétiquement, à la cou-

(1) *Ibid.*, p. 367.
(2) *Ibid.*, p. 370.
(3) *Ibid.* p. 371-372.

leur du parchemin, aux caractères de l'écriture, ils n'auraient pas eu même un soupçon, s'il y avait eu supercherie ?

3° Et, à Rome, le pape et tous les savants convoqués pour examiner à loisir la fameuse inscription, auraient tous été les vulgaires victimes d'une grossière mystification ? Et, pendant tout le temps que l'inscription resta exposée à Saint-Maximin, parmi tant de visiteurs, il n'y en aurait pas eu un pour découvrir et dénoncer la fraude ?

Englober ainsi tout ce monde dans la même accusation de stupidité, grossière au point de ne découvrir aucun signe extérieur d'une telle farce, c'est dépasser les limites de toutes les légitimes suppositions ; et, il reste démontré, au contraire, par tous ces témoignages, qu'à ne considérer que ses conditions extrinsèques, l'inscription est d'une indéniable authenticité.

ARTICLE SECOND

Preuves intrinsèques

Duchesne rejette l'authenticité de l'inscription pour quatre raisons : l'emploi du Comput, l'*anno nativitatis*, l'époque des Sarrasins, le nom d'Eudes roi des Francs.

§ 1. — *Le Comput.*

« En 710, affirme Duchesne, on ne datait pas encore en France, et surtout dans le Midi, par l'ère de l'Incarnation. L'emploi de ce comput, au huitième siècle, dans la France méridionale, l'Espagne et l'Italie, attend encore un document (1). »

1° Au *huitième siècle*, on datait déjà en France, par l'ère de l'Incarnation. Nous en avons la preuve dans le capitulaire promulgué à Soissons, après le concile réuni par Pépin : « Au nom de Dieu et de la Trinité, *l'an 744 de l'Incarnation du Christ*, le VI des nones de mars, 14° jour de la lune (2 mars), seconde année de Childéric, roi des Francs, moi Pépin, duc et prince des Francs, dans le synode ou concile tenu à Soissons, j'ai résolu..., etc. (2). »

Au *septième siècle*, nous avons l'acte de donation faite à l'église Saint-Bénigne de Dijon par Ermembert, qui est ainsi daté : *Anno ab Incarnatione Domini DCXXXII* (632), et qui est mentionné par les auteurs de l'*Art de vérifier les dates* (3).

D'après les mêmes auteurs, l'ère de l'Incarnation remonte encore bien plus haut. « L'ère de Jésus-Christ ou de l'Incarnation, disent-ils, a été introduite, en Italie, au *sixième siècle* par Denys le Petit, et, en France, au *septième siècle* où elle ne s'est bien établie que vers le *huitième*.

Il n'est pas douteux que *dès le sixième siècle* on n'ait fait usage du nouveau cycle... D'ailleurs l'ère de l'Incarnation, si chère et si vénérable aux

---

(1) *La Légende*, p. 27.
(2) *Concilium Suessionense* (*Patr. lat.* t. LXXXIX, col. 824).
(3) *Nouveau Traité de Diplomatique*, t. V, p. 676.

chrétiens, dut, sans doute, s'introduire dans tous les actes ou monuments où l'on n'appréhendait point, en la faisant entrer, d'aller contre la lettre des lois, qui ordonnait d'autres dates. Elle fut même transportée bientôt dans les pays lointains. Les hommes apostoliques envoyés en Angleterre par saint Grégoire le Grand l'y établirent (1).»

Ce témoignage a-t-il quelque valeur ? Il n'a pas été donné, je pense, par complaisance pour les Provençaux.

Dans son grand ouvrage : *Trésor de la Chronologie*, De Mas Latrie, membre de l'Institut, a inséré ces citations et les a consacrées de sa haute autorité qu'il savait bien unir à la plus douce modestie.

« Ces citations, m'écrivait-il, appartiennent aux Bénédictins, aux savants auteurs de l'*Art de vérifier les dates*, dont je n'ai fait que reproduire *littéralement* et *respectueusement* la dissertation qui ouvre leur bel ouvrage. L'ère de l'Incarnation a été usitée à Rome dans la chancellerie pontificale dès le *septième siècle* ; pourquoi l'usage ne s'en serait-il pas introduit en France dès ce temps-là (2) ? »

« D'ailleurs, disent les Bénédictins, outre que cette manière de dater se rencontre dans Grégoire de Tours qui confond, à la vérité, l'ère de l'Incar-

(1) *Traité de Diplomatique*, t. VI, p. 690.
(2) Lettre personnelle.

nation avec celle de la Passion, on la voit manifestement exprimée dans quelques chartes privées du septième siècle, et rien n'empêche de croire qu'elle s'introduisit parmi nous, en même temps qu'en Angleterre où elle fut apportée par saint Augustin, apôtre de cette ile (1). »

§ 2. — *L'Anno Nativitalis*

1° « Cette formule, dit Duchesne, est postérieure de plusieurs siècles à l'introduction de l'ère chrétienne. »

Réponse : Les auteurs du *Traité de Diplomatique* affirment que, sur la fin du huitième siècle et pendant les deux suivants, il était *ordinaire* de fixer le commencement de l'année à la *Nativité du Seigneur* (2).

Dans la chronique de l'abbaye de Saint-Bertin, elle est employée en 779 ; *Anno ejusdem regis qui erat annus Dominicæ Nativitatis DCCLXXVIII* (3).

2° « Dans les recueils de documents relatifs à la Provence, comme le *Cartulaire* de Saint-Victor, il faut descendre jusqu'au quatorzième siècle ou plutôt, jusqu'aux dernières années du treizième, pour trouver l'*annus Nativitatis* ou à *Nativitate*. »

Réponse : Dans le *Cartulaire*, cette formule est employée dans un acte de l'an 1064. « *Facta carta*

---

(1) *Traité de Diplomatique*, t. V. p. 517.
(2) *Traité de Diplomatique*, liv. V. 690.
(3) *Cartulaire de Saint-Bertin*, liv. I, p. 57 et 59.

donationis anno millesimo sexagesimo quarto Nativitatis Xristi et IIII (?) regni regis Philippi. »

3° « Jusque-là, c'est toujours l'*annus Incarnationis* ou dans les derniers temps l'*annus Domini.* »

Réponse : Si dans tout le treizième siècle, c'est toujours l'*annus Incarnationis*, l'inscription de Saint-Maximin n'est pas fabriquée au treizième siècle puisqu'elle emploie l'*annus Nativitatis.* 2° L'*annus Domini* au lieu de ne la trouver que dans les derniers temps, je la trouve dans le *Cartulaire* de Saint-Victor, en 1097, charte 1092 ; en 1094, charte 686 ; en 1051, charte 606 ; en 1037, charte 606 ; en 904, charte 10.

4° « La formule de nos documents correspond donc à l'usage non du huitième, mais du treizième siècle ». — Réponse : Les citations très exactes que je viens de faire, enlèvent à cette conclusion toute vérité, puisque l'Inscription de 710 n'a aucune des particularités des inscriptions du treizième siècle.

Dans l'inscription, c'est l'*annus Nativitatis* qui est employée et, dans toutes les chartes du treizième siècle, c'est l'*annus Incarnationis*. Dans toutes les chartes du treizième siècle, l'on suppute par *nones*, *ides* et *calendes* ; l'inscription ne les emploie pas.

D'après Duchesne, même au huitième siècle, on ne datait pas par nones, ides et calendes et l'usage des jours du mois se constate dans les diplômes francs, dès le septième siècle.

Donc, sur ce point encore, la formule de notre inscription prouve qu'elle n'a pas été fabriquée au treizième siècle. Si elle l'avait été, il faudrait qu'elle fût semblable à la formule des chartes de la même époque et des mêmes lieux. Or, elle diffère des chartes 1038 (1231), datée du porche de l'église de Saint-Maximin et de la maison de la boulangerie ; 1034 (1231), datée de la chambre du prêtre Isnard ; 1035 (1246), où il s'agit de Barjols, de Pignans et même du cloître de Saint-Maximin.

De tous ces documents, l'épigraphiste le plus rigide devra conclure que l'inscription de Saint-Maximin n'ayant pas les caractères du treizième siècle n'est pas de cette époque, mais du huitième siècle.

§ 3. — *Les Sarrasins.*

« En 710, écrit Duchesne, les Arabes musulmans étaient encore en Afrique ; rien n'annonçait qu'ils dussent de sitôt, je ne dis pas envahir la Gaule, mais même franchir le détroit de Gibraltar. Les clercs ou moines de Saint-Maximin eussent été bien précautionneux s'ils avaient eu peur, à ce moment, de recevoir leur visite, et s'ils avaient qualifié le temps où ils avaient vécu jusqu'alors de *tempus infestationis Sarracenorum* (1). »

Réponse : 1° La prise subite du mont Calpé (Gibraltar) par l'armée mahométane de Talric, au

(1) *La Légende*, p. 28.

commencement d'avril 711 montrait combien avait été rapide l'invasion des Barbares, et la terreur avait bien pu se répandre dans la Provence et jeter l'alarme dans les monastères.

Les moines de Saint-Maximin avaient donc, en 710, des craintes asséz fondées pour les rendre « bien précautionneux ».

A ces craintes, s'ajoutait l'avertissement du ciel donné à saint Porcaire, abbé de Lérins, de mettre en sûreté les reliques, parce que le monastère serait détruit par des Barbares.

Et à raison des liens qui unissaient les demeures monastiques, Porcaire avait dû leur communiquer cet avertissement ; et les moines de Saint-Maximin en apprenant les progrès des Sarrasins avaient voulu mettre en sûreté leurs précieuses reliques.

Ce n'est pas pour tous que je produis cette explication. Je la garde pour moi et pour ceux qui croient que, bien souvent, Dieu s'est plu à sauver, par de tels moyens, les restes bénis de ses serviteurs. Je n'appartiens pas à cette école d'érudits où, pour découvrir une cédille dans de vieux parchemins, il est de règle de prendre une loupe ; et, quand il s'agit de miracle, de prendre un bandeau. Il faut cependant féliciter les nouveaux Bollandistes de n'avoir pas rejeté, comme ils l'ont fait trop souvent, cette histoire de saint Porcaire, comme une vulgaire légende... (1).

(1) *Vita sancti Porcarii* (*Acta. Sanct.* XII Augusti. p. 737).

2° Catel, Pagi, Albanès, tout en reconnaissant la grande valeur de Bernard Gui, admettent que l'Inscription étant composée de chiffres romains, le dernier ait pu s'appliquer au mois, ce qui aurait donné la date de 715 et le 1er du mois de décembre.

Avec cette explication, toute difficulté disparaîtrait, puisque de l'aveu de tous, en 715, les Sarrasins avaient pénétré en Provence, et les moines avaient bien raison d'être précautionneux.

Mais, Duchesne, pris maintenant d'un beau zèle pour l'œuvre de Bernard Gui, ne veut rien admettre de toutes ces explications. « La date, dit-il, est bien 710. »

Soit, et c'est la date que je veux aussi maintenir car, je crois que ce n'est pas l'inscription qui doit être corrigée sur les affirmations des historiens, mais, dans le cas présent, ce sont les historiens qui doivent accepter la date du document de Saint-Maximin. Il est de ceux auxquels on peut parfaitement appliquer cette sage remarque des savants auteurs du *Nouveau Traité de Diplomatique* : « Souvent, les chartes peuvent paraître donner atteinte à l'histoire, tandis qu'elles ne servent qu'à l'éclairer. Ce n'est pas travailler à sa ruine, mais à sa perfection, que de produire des monuments inconnus qui en remplissent les vides, qui en détaillent les circonstances, qui en corrigent les erreurs (1). »

(1) *Nouveau Traité de Diplomatique*, t. II, p. 440, note I.

En 710, ce qui annonçait très clairement le dessein des Arabes de franchir le détroit de Gibraltar, c'est la fameuse attaque de Ceuta, l'une des colonnes d'Hercule que les rois d'Espagne possédaient et qui, séparée par un mince détroit de l'autre colonne, était considérée comme la clef d'Espagne et de l'Europe.

« La date de cet événement mémorable, écrit Gibbon, est fixée au mois de ramadan de la quatre-vingt-onzième année de l'hégire ; ou, si l'on veut, au mois de juillet 748, si l'on calcule comme les Espagnols, depuis l'ère de César ; ou enfin *sept cent dix ans après la naissance de Jésus-Christ* (1). »

Au sujet de cette date, Guizot, traducteur et annotateur de Gibbon, fait cette importante remarque :

« Une méprise de Roderic de Tolède, dans une comparaison qu'il a faite des années lunaires de l'hégire avec les années juliennes de l'ère de César, a déterminé Baronius, Mariana et la foule des historiens espagnols, à placer la première invasion des Arabes en l'année 713, et la bataille de Xérez au mois de novembre 714. Cet *anachronisme de trois ans a été découvert par les chronologistes modernes et surtout par Pagi* (2). »

(1) *Histoire de la Décadence de l'Empire romain*, t. X, p. 302.
(2) *Critica*, t. III, p. 169-171.

— 143 —

Duchesne soupçonnera-t-il Gibbon et Guizot, deux protestants, d'avoir adopté l'an 710, tout simplement pour excuser la peur et les précautions des moines de Saint-Maximin ?

Les éditeurs modernes de l'*Histoire du Languedoc* adoptent aussi la date de 710 : « Sous le règne de Wamba, les Sarrasins avaient déjà tenté de pénétrer en Espagne, mais ce prince les avait repoussés. La possession de la péninsule hispanique ne fut, pour les Arabes, qu'une extension de celle de l'Afrique septentrionale. Moussa ben Nossayr qui gouvernait ce pays conçut le premier la possibilité de la conquête de l'Espagne. Cinq cents cavaliers placés sous les ordres de Tarik ben Zeyad s'embarquèrent à Ceuta et descendirent l'an 91 de l'hégire ou 710 de J.-C., sur les côtes de l'Andalousie. Ils n'éprouvèrent aucune résistance, et revinrent, en Afrique, chargés de butin. »

Cette première tentative était comme un avertissement ; car, en 711, le même Tarik, vers la fin du mois d'avril, au mois de rejeb de l'an 92 de l'hégire, débarqua, à Gibraltar, avec une armée puissante ; et ses succès furent si rapides qu'au commencement de 713, il y avait, presque dans toutes les villes voisines des Pyrénées, des gouverneurs arabes. »

Dans les *Annales d'Aniane* (1) l'entrée des Sarrasins en Espagne remonte à 707 : « *Anno DCCXV,*

____

(1) *Annales Anianæ,* anno DCCV.

Sema, rex Sarracenorum, post VIII annos quam in Spaniæ ingressi sunt Sarraceni ad obsidendam Tolosam pergunt. L'an 715, Séma, roi des Sarrasins, *huit ans après que les Sarrasins étaient entrés en Espagne*, alla mettre le siège devant la ville de Toulouse. » Cette chronique, faite au jour le jour et par conséquent contemporaine, ne mérite-t-elle aucune créance ?

Il y a un autre document, précieux entre tous et d'une authenticité incontestable, qui vient aussi jeter une vive lumière sur ces temps obscurs ; et je ne m'explique pas que Duchesne ait pu ne lui accorder aucune attention. C'est la *Chronique de Saint-Victor* écrite dans un monastère de Ripoll, et enregistrant les événements importants accomplis en Espagne.

Le chanoine Albanès lui a consacré une étude qui fit quelque sensation dans le monde savant (1). Or, que lit-on dans cette chronique ? « *Anno 707. Sema rex cum Sarracenis in Hispania ing. essus est.* » C'est court et clair : il y a une invasion des Sarrasins en Espagne en 707. Qu'elle ne soit qu'une tentative ; qu'elle doive, après quelques années, être suivie d'une autre invasion terrible et victorieuse (2), cela importe peu à la cause. Le texte et la date sont là.

(1) *Chronique de Saint-Victor de Marseille.* Extrait des *Mélanges d'archéologie et d'histoire* publiés par l'Ecole française de Rome, t. VI, J. H. Albanès.
(2) La même chronique de Rippoll porte : 715. *Sema.*

Maintenant, l'on trouvera, si l'on veut, que les moines ne furent pas de ces audacieux qui attendent le danger, jusqu'à la dernière heure ; mais l'on ne pourra soutenir que leur peur ait été une enfantine poltronnerie.

Duchesne plaisante encore les moines pour avoir appelé cette époque temps de l'invasion des Sarrasins. Mais ce qualificatif est très juste. En 710, les Sarrasins, hordes sauvages, sorties du fond de leurs déserts, ont déjà subjugué l'Afrique, l'Egypte, la Syrie, la Perse, et porté l'épouvante jusqu'aux portes de Constantinople. Avide de nouveaux carnages et de nouvelles conquêtes, c'est, maintenant, en Espagne qu'ils tentent de pénétrer et de là ils envahiront la France. Pour appeler ces années de ruines et de sang *temps de l'invasion*, devaient-ils donc attendre d'avoir été eux-mêmes envahis ?

§ 4. — *Eudes.*

« Enfin, dit Duchesne, quel est cet Odoin que l'on qualifie de roi des Francs, *rex Francorum ?* Un roi de ce nom ne se retrouve nulle part dans la longue série des rois de France. Il ne peut être question du roi Eudes (888-898), car, de son temps, la Provence obéissait au roi d'Arles, Louis. Aussi, s'est-on rejeté sur le duc d'Aquitaine, Eudes

---

rex Sarracenorum, Nu, et la version de Saint-Victor porte : 715. *Senta rex cum Sarracenis ingressus est Hispaniam.* Mais ces versions n'effacent pas : 707.

(*Eudo*), qui n'a jamais porté le titre de *rex Fran-corum* et n'a jamais exercé une autorité quelconque au-delà du Rhône, dont il était séparé par la province wisigothique de Septimanie. Ce système n'a donc pas plus de vraisemblance que l'autre. Du reste, le nom *Eudo* n'est pas identique à *Odoinus* ; jamais un contemporain n'eût fait pareille faute (1). »

Réponse : 1° « Odoinus, Odo, Eudes, Odoin, Odon, Odoïc ne sont que les variantes d'un même nom, et Odoïn, roi des Français, est le même qu'Eudes, duc d'Aquitaine. » Cette réponse si catégorique est donnée par les auteurs du *Nouveau Traité de Diplomatique* (2).

Dans le *Cartulaire de l'abbaye de Cluny*, le nom d'Eudes est écrit de différentes manières dans des chartes de la même époque : *Odono, Hoddoni, Odoni, Oldono* (3). Si *Odoïno* est trop élégant, c'est que chaque temps a eu ses puristes.

Baronius et Pagi ne font aucune difficulté d'admettre *Odoinus* comme traduction d'Eudes. « *Eudo, dux* Aquitaniæ, aliquando Odo, aliquando Otto, Odoïcus vel Odoïnus appellatus, reperitur (4). » Ces citations suffisent pour le nom ; venons au titre.

(1) La Légende, p. 28.
(2) *Nouveau Traité de Diplomatique,* t. IV, p. 506.
(3) Alexandre Bruel (1876), Imprimerie nationale, p. 42, 55, 65, 70.
(4) *Critica in Annales Baronii,* an. 716, n° 12, t. III, p. 178.

2° Le continuateur de *Frédégaire*, auteur contemporain, rapporte que Chilpéric et Rainfroi, pour obtenir des secours, envoyèrent une ambassade au duc Eudes, et lui donnèrent en même temps le royaume et des présents : *legationem ad Eudonem ducem dirigunt regnum et munera tradunt*. Or, dans le *Glossaire* de Du Cange, le *regnum* signifie bien souvent la couronne de nos rois (1).

3° *Anastase le Bibliothécaire*, vers le milieu du huitième siècle, parlant de la défaite des Sarrasins par Eudes, le représente comme un prince absolu et indépendant qui régnait sur une partie de la France. « Il y avait onze ans, dit-il, que les perfides Sarrasins tenaient l'Espagne sous un joug cruel. Pour continuer leurs sanglantes conquêtes, ils tentèrent de passer le Rhône pour s'emparer de *la partie de la France où Eudes régnait*. Mais celui-ci, ayant fait appel aux Français, les Sarrasins furent cernés et tués en un seul jour au nombre de plus de trois cent mille, comme on le voit par la lettre que le même *duc des Français* envoya au pape (2). »

(1) *Glossarium* Cangii, ad verbum *Regnum*.
(2) « Eodem tempore nefanda Agarenorum gens cum jam Hispaniarum provinciam per decem annos tenerent pervasam, undecimo anno Rhodanum conabantur fluvium transire, *ad Francias occupandum ubi Eudo præerat*, qui facta Francorum generali motione contra Sarracenos eos circumdantes interfecerunt. Trecenta enim septuaginta quinque millia una die interfecti, ut ejus-

Ce texte d'un chroniqueur du huitième siècle, qui vient si fortement confirmer l'inscription de Saint-Maximin a été aussi inséré dans le *Liber Pontificalis*, au pontificat de saint Grégoire II (715-731).

4° *Catel*, dans ses *Mémoires de l'Histoire de Languedoc*, reconnaît qu'Eudes, roi des Français, sous le règne duquel on cacha le corps de sainte Madeleine, était non Eudes, roi de Paris, mais Eudes, duc d'Aquitaine, qui *régnait alors dans ce pays et dans une partie de la Provence* (1).

5° *L'illustre Pagi*, que Guizot appelle l'*exact*, écarte de cette façon magistrale toute supposition d'imposture : « Launoy prétend que les religieux de Saint-Maximin trompèrent tout à la fois le prince Charles de Salerne et les évêques qui étaient avec lui, en glissant furtivement ce parchemin dans le tombeau. Mais au xiii° siècle, personne n'était assez versé dans l'histoire pour soupçonner qu'en 716, Eudes eût régné en Provence, puisque, même dans notre siècle, tout éclairé qu'il est, les hommes les plus experts dans l'histoire de France ne l'ont point su.

« Si quelqu'un eût connu alors la domination

dem *Eudonis Francorum ducis* missa pontifici apostolico continebat. »

(Anastasius Bibliothecarius, *De vitis pontificum Romanorum*. Romæ, 1718, in-folio, t. I, p. 167. — Baronius, *Critica in Annales*, anno 715).

(1) *Mémoires de l'Histoire de Languedoc*, p. 524.

d'Eudes en Provence, il n'aurait pas marqué le nom de ce roi, de peur d'ôter par là toute créance à l'inscription et de faire paraître à découvert l'imposture qu'il voulait cacher ; car il n'aurait pas douté que le silence de tous les historiens sur la domination d'Eudes en Provence n'eût donné lieu à chacun de soupçonner la fausseté de cet écrit, et par là même celle des reliques de sainte Madeleine (1). »

6° Les auteurs du *Nouveau Traité de Diplomatique* proclament aussi la légitimité du titre de roi donné à Eudes. « Ce prince, disent-ils, fut effectivement reconnu par le roi Chilpéric II pour souverain de toute l'Aquitaine ou ancien royaume de Toulouse. Il régna jusqu'en 735 sur les pays situés entre la Loire, l'Océan, les Pyrénées, la Septimanie et le Rhône, et même au-delà de ce fleuve. Non seulement les anciens historiens, tant nationaux qu'étrangers, lui ont donné la qualité de roi ; mais on datait les chartes des années de son règne. Est-il donc surprenant qu'on lui ait donné le nom de roi de France ?... Il est famillier à nos critiques modernes de taxer d'imposture les monuments dont ils ne peuvent se débarrasser ; leurs excès en ce genre rempliraient plusieurs volumes (2). »

7° Les derniers auteurs de l'*Art de vérifier les*

(1) *Critica in Annales eccl.*, an. 716.
(2) *Nouveau Traité de Diplomatique*, t. IV, p. 606.

dates prennent aussi la défense de notre inscription. « On ne sait, disent-ils, sur quel fondement un moderne s'est avisé de donner Eudes pour un duc amovible. Il l'était si peu que la plupart des historiens lui ont donné le titre de roi ; titre que les chartes d'Aquitaine dressées de son temps justifient puisqu'elles sont datées de son règne (1).

8° Le protestant *Gibbon* porte ce jugement sur Eudes : « Un gouvernement moitié sauvage et moitié corrompu se trouvait presque dissous ; les ducs tributaires, les comtes gouverneurs des provinces et les seigneurs des fiefs cherchaient, à l'exemple des maires du palais, à s'élever sur la faiblesse d'un monarque méprisé. Parmi les chefs indépendants, un des plus hardis et des plus heureux fut Eudes, duc d'Aquitaine, qui dans les provinces méridionales de la Gaule usurpa l'autorité et même le titre de roi. Les Goths, les Gascons et les Francs se rassemblèrent sous le drapeau de ce héros chrétien (2). »

9° *Fauriel*, dans son *Histoire de la Gaule méridionale*, consacre ces lignes à ce héros : « Eudes, s'il est vrai, comme il semble qu'il eût fini par prendre le titre de roi des Francs, s'était mis en hostilité contre les fantômes mérovingiens à qui Charles-Martel faisait encore donner le nom de

(1) *L'Art de vérifier les dates*, 3ᵉ édition, 1784, t. II, p. 250.

(2) *Histoire de la Décadence de l'Empire romain*, t. X.

roi... Charles-Martel voyait en Eudes un ennemi personnel, un rival qui le considérait comme un usurpateur et se regardait comme le légitime héritier des rois francs. Eudes donna des marques multiples de son humanité et de son respect pour les églises et les monastères (1). »

10° « Le moment de la haute puissance d'Eudon, écrit le docteur *d'Hœfer*, paraît avoir été celui de son intervention dans la querelle de Chilpéric II avec Charles-Martel (718-719). En effet, les deux partis recherchèrent successivement son alliance ; et chaque fois on lui donne le nom de roi et les marques de respect à ce nom attachées... Eudon, attaqué par les Arabes, implore le secours du Carlovingien Charles-Martel, qui ne le lui accorde qu'aux plus dures conditions. Il contraignit Eudon, en 730, à lui jurer fidélité comme sujet : la Provence et le pays entier entre le Rhône et les Alpes furent dès lors perdus pour lui (2). »

11° Les auteurs de l'*Histoire du Languedoc* donnent un vif relief à ce duc d'Aquitaine : « Eudes fit parler de lui dans son temps ; mais il n'a pas été assez bien connu dans le nôtre, ce qui est, sans doute, cause que nos historiens modernes ne lui ont pas rendu la justice qu'il mérite. »

« Si l'on considère son extraction royale, il ne

____

(1) *Histoire de la Gaule méridionale sous les conquérants germains*, Paulin, Paris, 1836.
(2) *Bibliographie générale*. Firmin Didot, t. XVI : *Eudon, duc d'Aquitaine* (665-735).

paraîtra pas extraordinaire qu'il ait prétendu à une partie de la monarchie et qu'il se soit opposé de toutes ses forces aux entreprises de Charles-Martel. »

« Quoique nous ne prétendions pas justifier toutes ces actions, on voit cependant par ce que les historiens austrasiens ont laissé échapper et par quelques autres monuments du temps, que ce duc fut un très grand prince ; et il nous paraîtrait encore plus grand, s'il avait eu le même bonheur que Charles-Martel, et autant de panégyristes (1). »

12ᶜ Les renseignements sur la généalogie et la royauté d'Eudes ont été puisés par dom *Vic* et dom *Vaissette* dans la fameuse charte de Charles le Chauve (845) en faveur du monastère d'Alaon, au diocèse d'Urgel. Il y a donc à se demander si cette charte est bien authentique ?

Oui, répondent ces deux savants bénédictins, et avec eux les auteurs de l'*Art de vérifier les dates*, Fauriel et d'autres critiques. Non, ripostent Rabanis, Benjamin Guérard et les Editeurs modernes de l'*Histoire du Languedoc*.

De quel côté a-t-on raison ? Je n'ai pas la moindre compétence pour trancher le litige ; mais de cette lutte entre érudits, je vois sortir clairement un argument précieux en faveur de l'inscription de Saint-Maximin.

En effet, sur quoi les premiers basent-ils leur

(1) *Histoire du Languedoc*, liv. VIII.

affirmation ? D'après eux, les renseignements fournis dans cette charte *ayant été complètement dans l'oubli et l'ignorance historique du dixième au dix-septième siècle*, le document doit nécessairement remonter à Charles le Chauve.

Et la négation des autres sur quoi est-elle fondée ?

Cette charte, répondent-ils, contient des titres, des divisions administratives, et toute une terminologie d'époque bien postérieure au neuvième siècle ; en outre, elle donne des détails historiques *absolument ignorés durant tout le Moyen Age et qu'on n'a retrouvés qu'au dix-septième siècle.* « Nous concluons donc, avec Rabanis, que cette charte est fausse ; qu'elle n'a pu être fabriquée au Moyen Age ; qu'elle n'a été rédigée qu'après la publication des documents sur lesquels elle s'appuie, c'est-à-dire dans la première *moitié du dix-septième siècle* (1). »

Il y a donc un point sur lequel les adversaires sont d'accord : c'est que du neuvième au dix-septième siècle on a été dans l'ignorance complète de la royauté et même de l'existence d'Eudes. Or, l'inscription parle d'Eudes et de sa royauté ; donc, elle n'est pas un document du treizième siècle ; elle remonte nécessairement au huitième ; véri-

---

(1) *Histoire du Languedoc,* t. II, p. 146, note des Editeurs modernes.

table contemporaine des événements et des personnages qu'elle mentionne.

Le voilà donc maintenant bien connu cet « objet
dont l'examen devait suffire à démontrer que la
découverte de 1279 avait été préparée ».

Devant tous les documents et les autorités que
je viens de citer, les partisans de Duchesne ose-
raient-ils dire comme lui ?

« Une main coupable a fabriqué ce prétendu certificat et l'a inséré dans le sarcophage avant son
ouverture officielle. Cela suffit pour édifier la
critique (1). »

Quelle critique ? Celle des hommes compétents
et impartiaux ? Alors je crois que ce qui ne les
édifiera pas c'est le procédé de nos adversaires ; la
main coupable est celle qui a. copié servilement
les objections de Launoy, sans se donner la peine
ou le plaisir de compulser les pièces d'où le docteur sorbonnique prétendit les tirer.

Et la conclusion qui sortira de l'examen cons-
ciencieux auquel se sont livrés les défenseurs,
c'est que l'authenticité de l'inscription de Saint-
Maximin est indéniable ; et que les reliques dé-
couvertes en 1279 sont bien celles de la Marie-
Madeleine, la glorieuse apôtre de la Provence.

____

(1) *La Légende*, p. 29.

CHAPITRE CINQUIÈME

L'Inscription : « Hic Requiescit »

Avec l'inscription de 710, l'on trouve, dans le tombeau où avaient été placées les reliques de sainte Marie-Madeleine, une inscription ainsi conçue : *Hic requiescit corpus Mariæ Magdalenæ.*

Launoy n'en a pas parlé. Duchesne ne l'a pas citée, et Siméon Luce dit que les Dominicains ne la connaissaient pas et qu'il ignore lui-même ce que peut être cette inscription plus ancienne et plus courte dont parle Albanès (1).

Albanès n'a pas inventé cette inscription. Elle a été mentionnée par les historiens contemporains de la découverte de 1279. Bernard Gui, Philippe de Cabassole et par le procès-verbal des prélats.

Pourquoi Duchesne n'y fait-il pas même allusion ? La croit-il apocryphe, comme, d'après lui, l'inscription de 710 ? Mais pourquoi ayant amoncelé tant d'arguments contre l'authenticité de celle-ci, n'en a-t-il pas donné un contre celle-là ?

Qu'aurait-il pu dire qui prévalut contre les témoignages de Bernard Gui, de Philippe de Cabassole, du pape et des savants de Rome, et de tous les visiteurs et des savants qui virent l'inscription

(1) *Revue des Sociétés Savantes*, t. VI (1882), p. 118.

longtemps exposée dans la sacristie de Saint-Maximin ?

Pour combattre l'authenticité de l'inscription de 710, Duchesne a ainsi argumenté : « Par sa rédaction, elle n'est pas du huitième siècle, mais du treizième. Donc c'est un faux. »

Je fais le même raisonnement pour la petite inscription : par sa rédaction elle est du quatrième siècle, donc ce n'est pas un faux fabriqué au treizième ; et si elle est du quatrième siècle, elle prouve la présence du corps de Marie-Madeleine à Saint-Maximin.

Mais est-elle réellement de ce siècle reculé ?

C'est un maître de l'archéologie qui répond :

« A l'époque de la décadence, c'est l'effet d'une sorte de loi que les formules se compliquent et s'allongent. Cicéron, Pline écrivent simplement, au début de leurs lettres : *Tullius Tironi salutem. — C. Plinius Tacito suo salutem.* Au temps de saint Augustin, de saint Paulin de Nole, on y lira : *Domino merito venerabili et vere suscipiendo patri Augustino episcopo Macedonius. — Dilecto fratri merito prædicabili et venerantissimo Pammachio Paulinus.* Le style épigraphique suit la règle commune ; la formule HIC REQVIESCIT va se compliquant, lorsque les temps s'avancent, et l'on voit successivement paraître chez nous, en 469, 473, 488, HIC REQVIESCIT IN PACE, HIC REQVIESCIT BONAE MEMORIAE, HIC RE-QVIESCIT IN PACE BONAE MEMORIAE, avec cette circonstance remarquable que la formule la moins simple est en même temps la plus récente (1). »

Donc, l'inscription *Hic requiescit* est pour le moins de la moitié du cinquième siècle ; et cette conclusion s'impose à tous : car, au dire des savants, dont Martigny résume le sentiment, l'ouvrage d'Edmond Le Blant, soit par la pureté des textes, soit par la sûreté de l'érudition qui préside aux commentaires, fait autorité... (2).

Il y a un autre argument à tirer de cette inscription. Je le soumets au lecteur.

Cette inscription : *hic requiescit* est du commencement du cinquième siècle ; le tombeau où elle avait été déposée avec les reliques de sainte Madeleine est, d'après tous les archéologues, de la même époque.

Ce petit « objet » faisait donc crouler tout l'échafaudage de Duchesne : il fallait l'écarter. Mais il n'a pu le détruire, et il reste gardé par l'Histoire, pour la défense de nos traditions.

(1) *Inscriptions chrétiennes de la Gaule antérieures au* VIIIe siècle ; par Edmond Le Blant, t. I, 1856. Préface, p. IX.

(2) Abbé Martigny, *Dictionnaire des Antiquités chrétiennes*, 3e édition, Hachette, p. 360.

CHAPITRE SIXIÈME

La Crypte de Saint-Maximin

« Pour toute *personne impartiale*, dit Duchesne, la crypte de Saint-Maximin n'est *autre chose que la sépulture d'une famille gallo-romaine du cinquième ou du sixième siècle*. Un monument du même genre se trouvait à la Gayole, près de Brignoles, non loin de Saint-Maximin. D'autres pourraient être signalés soit à proximité de certaines villes gallo-romaines, soit dans la campagne. Les membres de l'aristocratie, en nos contrées, aimaient à résider sur leurs terres, dans leurs immenses villas ; ils y avaient des chapelles et s'y faisaient volontiers enterrer. Le monument de Saint-Maximin n'a rien d'extraordinaire, sinon sa fortune (1). »

Pour que le monument de Saint-Maximin ait cette extraordinaire fortune, il faut bien qu'il ait quelque chose qui a manqué aux autres.

1° D'abord, il n'y a pas similitude entre Saint-Maximin et la Gayole ; Duchesne n'a vu ni l'un ni l'autre. La Gayole n'est pas une crypte creusée dans les entrailles du sol ; et, bien qu'on ait

(1) *La Légende*, p. 10.

trouvé, dans cette région, le plus ancien des tombeaux chrétiens connus jusqu'à ce jour, l'idée n'est jamais venue aux gens du pays de créer une légende quelconque. Si la Gayole a été un oratoire privé du cinquième ou du sixième siècle, la crypte de Saint-Maximin, creusée à plusieurs mètres de profondeur et très étroite, n'eut assurément jamais pareille destination.

Pourquoi, en effet, au cinquième siècle et, *a fortiori*, au sixième siècle, avoir sous-terre, une chapelle domestique ? Au temps des persécutions, les chrétiens étaient forcés de tenir leurs synaxes dans le cénacle, à l'étage supérieur, *suprema ædium pars*, ou, selon le mot grec, au faîte de l'habitation, τὰ ὑπερῷα. Cette précaution était nécessaire pour ne pas dévoiler le secret des mystères. Ils ne pouvaient pas davantage célébrer leur culte dans la partie basse de la maison, au rez-de-chaussée, de peur d'être confondus avec les païens qui installaient, à cette place, les simulacres de leurs dieux.

L'on comprend donc qu'à cette époque, les réunions et les mystères chrétiens ne pouvant avoir lieu sûrement dans les maisons particulières, l'on se cachât dans les catacombes. Mais aux cinquième et sixième siècles, la liberté avait été rendue à l'Eglise ; et puisque, dans leurs immenses villas, les familles aristocratiques pouvaient élever des oratoires privés avec leurs sépultures, en plein air et en plein soleil, pourquoi la famille aristocratique de Saint-Maximin aurait-elle préféré un souterrain toujours humide, étouffé et obscur ?

2° Edmond Le Blant est-il « personne impartiale », et de quelque autorité dans cette question ? Mon incompétence

> parmi ces longs obstacles,
> M'a fait avoir recours à la voix des oracles (1).

Il m'écrivit le 20 août 1893 : « Je vous suis bien reconnaissant de l'envoi que vous avez bien voulu me faire de l'inscription de Saint-Victor. Votre travail sur la crypte aura pour moi d'autant plus d'intérêt que j'aurai à parler de ce sanctuaire dans le Catalogue Borély, dont on m'a demandé de m'occuper...

« *En ce qui concerne la crypte de Saint-Maximin, je suis persuadé que c'est un lieu saint. La chose ne saurait être* douteuse pour un archéologue ; *et la preuve en est dans la* fenestella *ouverte dans l'un des monuments.* J'en ai dit, du reste, quelques mots dans mon volume intitulé : *Les Sarcophages Chrétiens de la Gaule*, p. 154, 155. »

« J'ajoute, dit-il ailleurs, que dans cette enceinte *tout porte la marque d'un âge reculé*, les remplissages sur lesquels sont posés verticalement les losanges d'incrustations et les plaques à gravures, se composent de marbres antiques et de tuiles à rebord » (p. 149).

(1) *Horace*, I, 3.

Ayant encore mieux étudié cette crypte dans sa dernière visite, il affirmait plus fortement la même conviction : « Célèbre entre tous est le groupe conservé dans la chapelle souterraine de Saint-Maximin et qui comprend *certainement* des sépulcres vénérés, puisque dans le couvercle de l'un d'eux est percée une de ces *fenestellæ* par lesquelles les fidèles adressaient aux saints leurs vœux et leurs prières (1). »

La clarté de ces déclarations ne permet pas d'appliquer l'autre vers du poète :

> Un oracle jamais ne se laisse comprendre.

La conclusion s'impose à tous : La crypte de Saint-Maximin est certainement un lieu saint de l'âge le plus reculé.

3° Ce sujet de la *fenestella* ayant, dans la thèse, une particulière importance, il me paraît intéressant d'ajouter quelques autres citations.

« La *fenestella*, dit Martigny, avait été adoptée presque instinctivement dans tous les sanctuaires des saints illustres du monde catholique et notamment dans les Gaules, ce qui est pour nous d'un intérêt tout spécial. Saint Grégoire de Tours (*De Gloria confess.*, C. XXXVII) en constate l'existence et la décrit dans des termes presque identiques à ceux dont se sert le Livre pontifical quand il s'agit

---

(1) *Catalogue des Monuments chrétiens du Musée de Marseille.* Imprimerie Nationale, 1894.

de Saint-Pierre de Rome : « *Caput per fenestellam quicumque vult immittit, precans quæ necessitas cogit obtinetque mox effectum, si justa petierit :* Chacun a la faculté de regarder par la *fenestella*, afin de demander ce qui lui est nécessaire, et il ne tarde pas à l'obtenir si la demande est juste (1). »

A son tour, le chanoine Albanès insiste sur ce point avec une précision remarquable. « La *fenestella* sur le tombeau, dit-il, est la marque incontestable d'un corps saint. Je ne crois pas qu'on puisse le nier. Ce qui montre toute la valeur indiscutable de cette preuve de la présence d'un corps saint, c'est qu'on garde là-dessus le plus grand silence.

« Aucun des adversaires n'en a parlé, parce qu'on ne peut nier le fait, ni refuser d'admettre la conséquence. Le silence prudent est l'unique réponse qu'ils puissent faire.

« J'ai ajouté qu'à Saint-Maximin, la présence d'un corps saint implique la présence des autres saints dont les tombeaux sont là. Il ne s'agit pas ici d'une famille dont un membre a été canonisé, et les autres pas. C'est un groupe dont les noms sont : Madeleine, Maximin, Marcelle, Sidoine. Si un seul de ce groupe s'y trouve, tous les autres y sont aussi. Or, il y en a un, la *fenestella* le dit : que l'on choisisse celui que l'on voudra, la conclu-

---

(1) Martigny, *Dictionnaire des Antiquités chrétiennes*, p. 314.

sion est forcée. Et si nous leur montrions une seconde *fenestella* ? Ce sera le coup de grâce (1). »

Ce coup de grâce a été porté.

Dans une de mes visites à la crypte de Saint-Maximin, j'ai pu tout à l'aise examiner le tombeau de sainte Madeleine. Sur l'intérieur de la paroi parallèle à la façade j'ai vu, au centre, les quatre côtés d'un rectangle nettement dessinés et, au toucher, j'ai senti le creux des lignes indiquant un joint dans le marbre. Serait-ce une ancienne *fenestella* qui aurait été bouchée ? C'était la conviction d'un confrère qui s'est longuement occupé de toutes les questions religieuses intéressant la Provence ; mais, lui dis-je, pour l'affirmer sans hésitation, il faudrait voir, en pleine lumière, la partie extérieure qui est entièrement adossée au mur de la crypte.

Or, dans la nuit du 8 avril 1903, des voleurs pénétrèrent dans cette crypte et dérobèrent une partie des reliques et des trésors qui étaient sur l'autel.

Pour des travaux de sécurité, l'architecte des monuments historiques fit déplacer les tombeaux. Et le 7 juillet, le vénéré doyen de Saint-Maximin m'écrivait : « Je crois devoir vous dire que nous avons la preuve que le tombeau attribué à sainte Madeleine est vraiment son tombeau. Nous avons pu nous convaincre que la *fenestella* qui apparaît à l'intérieur paraît aussi à l'extérieur. »

(1) Albanès, *Lettre à M. Bellet*, p. 142.

Deux autres personnes impartiales m'ont donné leur témoignage :.

Louis Rostan, correspondant du Ministère d'Etat pour les monuments et les travaux historiques, a dit, dans sa *Notice sur l'église de Saint-Maximin* (1) : « La crypte de Saint-Maximin, telle qu'elle existe aujourd'hui, est bien la crypte contemporaine des premiers temps du christianisme. »

Henri Révoil, dont les œuvres et les travaux font l'admiration des savants, et à qui l'antique abbaye de Saint-Victor doit sa belle restauration, appuie ainsi de sa grande autorité le témoignage de son confrère : « *L'appréciation archéologique de M. Rostan est rigoureusement exacte. La crypte de Saint-Maximin est vraiment contemporaine du christianisme primitif en Provence et atteste l'antiquité de nos croyances* (2). »

La cause est donc jugée. De quel côté se trouvent les personnes impartiales et... compétentes ?

(1) 1886, p. 137.
(2) *Lettre à M. Bellet*, p. 256 et 257.

CHAPITRE SEPTIÈME

Le Tombeau

Pour nier la juste attribution à Marie-Madeleine du tombeau de la crypte de Saint-Maximin, Duchesne raisonne ainsi :

« Parmi ces sarcophages, il y en a un d'un grain spécial que *l'on se figurait être en albâtre*. Etait-ce celui-là que la légende désignait comme ayant contenu le corps de la sainte ? Il est permis d'en douter. Je ne vois pas qu'il soit question d'albâtre dans les diverses Vies ou translations rédigées du XIe au XIIIe siècle ; on y parle d'un sarcophage sculpté, sans le décrire assez pour qu'il soit possible de savoir duquel on a voulu parler. La détermination fut faite sur les lieux (1). »

Et où donc pouvait-on mieux faire cette détermination si ce n'est là où l'on pouvait, en voyant le tombeau, vérifier s'il correspondait exactement à ce qui était donné comme ses signes caractéristiques ?

Or, la première particularité donnée à ce monument, c'est qu'il était d'albâtre. Duchesne n'a pas vu qu'il soit question d'*albâtre* dans les diverses

(1) *La Légende*, p. 25.

Vies ou translations rédigées du xie au xiiie siècle ; mais il a dû voir qu'il en est question dans l'inscription de 710 et dans les premiers historiens de la découverte.

Rappelons ces textes.

L'Inscription : « Ce corps de la très chère et vénérable sainte Marie-Madeleine a été, par crainte de la perfide nation, transféré de son tombeau *d'albâtre*. »

Bernard Gui : « L'on trouva le corps de la très sainte Madeleine, non dans le tombeau *d'albâtre* où il avait été primitivement enfermé. »

. Philippe de Cabassole : « Charles de Salerne vit alors, à la droite d'un tombeau *d'albâtre*, un tombeau de marbre plus commun. »

La désignation est-elle suffisamment claire ? Donc, la détermination devient facile. Si parmi les sarcophages il n'y en a qu'un qui soit en albâtre, le tombeau de la sainte est sûrement reconnu.

Or, y en a-t-il un qui puisse être dit d'albâtre ? Duchesne ne l'admet pas. « Ce tombeau, dit-il, est d'un grain spécial que l'on se *figurait être en albâtre.* »

Si ce tombeau est d'un *grain spécial*, on pouvait donc facilement le distinguer des autres tombeaux ; et si ce grain spécial a la blancheur, l'éclat, la limpidité de l'albâtre, cela ne suffit-il pas à rendre juste le qualificatif donné par les chroniqueurs ? Ils ont dit simplement ce qu'ils ont cru sincèrement ; ne sont-ils pas des témoins dignes de foi ?

Louis Ròstan soutient que ce tombeau est d'albâtre calcaire, tandis que les autres sont de marbre jaspé (1). Edmond Le Blant lui-même ne se prononce pas. « Mon savant confrère, dit-il, le directeur de l'Ecole des Mines, M. Daubrée qui a bien voulu, sur ma demande, examiner un fragment du sarcophage, y a reconnu un marbre calcaire cristallin (calcaire lamellaire) d'un grain fort grossier et qui n'a rien de commun avec l'albâtre (2). »

Devant ces appréciations si différentes, données par des experts de renom, je pense bien que l'erreur, si erreur il y a, n'est pas à retenir contre l'identité du tombeau, puisque, sinon à l'analyse scientifique, du moins à la simple vue, le monument paraît être d'albâtre.

J'en appelle à tous ceux qui ont visité Saint-Maximin, sauf les aveugles. N'ont-ils pas été frappés de la différence très sensible qu'il y a entre ce sarcophage et les trois autres ? Si le guide, toujours très obligeant, a eu soin d'allumer un flambeau, n'ont-ils pas soudain remarqué la transparence de toute la façade, malgré son épaisseur, et n'ont-ils pas été forcés de dire : C'est de l'albâtre ?

Qu'y a-t-il donc de plus naturel qu'il soit ainsi désigné par l'inscription et les chroniques ; et qu'à

(1) *Notice sur l'église de Saint-Maximin*, p. 45.
(2) *Les Sarcophages chrétiens de la Gaule*, p. 152.

ce signe caractéristique, les Provençaux aient reconnu le tombeau de Marie-Madeleine ?

2° Outre cette apparence d'albâtre, déjà bien
suffisante pour distinguer le tombeau de Marie-
Madeleine, ne pouvait-on pas encore le reconnaître
aux *sculptures historiques, sculpturis historicis,*
dont parle Bernard Gui ?

Une telle détermination paraît hasardeuse à Duchesne : « Aucun de ces monuments, dit-il, n'offre
la moindre relation avec les histoires évangéliques
où soit Madeleine, soit Marie de Béthanie, soit la
pécheresse de saint Luc ont joué un rôle. »

Quel rôle ? un rôle direct et principal comme le
versement du parfum, la présence au Calvaire, la
visite au sépulcre ? Mais de quel droit, Duchesne
veut-il par *sculptures historiques*, entendre les
scènes de l'onction ? D'ailleurs, s'il veut absolument traduire l'expression du chroniqueur, qu'il
prouve que ces scènes n'étaient pas sculptées sur
la frise du sarcophage qui a disparu depuis bien
des siècles.

Mais les sculptures des façades ne sont-elles
pas, à la lettre, les scènes historiques que Bernard
Gui avaient en vue ? Duchesne trouve qu'elles
n'ont pas la moindre relation avec le rôle joué par
Marie-Madeleine identifiée, selon l'usage latin (et
aussi selon l'usage grec) avec Marie de Béthanie ;
mais d'autres trouvent, au contraire, qu'il y a des
relations frappantes.

D'abord, il faut remarquer que ces scènes de la

Passion du Sauveur ne sont représentées sur aucun autre des tombeaux de la crypte, ce qui est déjà un signe assez distinctif.

En outre, pris en eux-mêmes, ces sujets ne rappellent-ils pas tous un rôle joué par notre sainte ? La croix et les centurions ne font-ils pas penser à Marie-Madeleine, debout au sommet du Calvaire ? Le traître Judas (peut-être tenant la bourse à la main) n'évoque-t-il pas le souvenir de la femme qui répandit le parfum précieux et irrita, par sa générosité, l'avarice de l'Iscariote ? Le jeune homme, assis et parlant aux soldats, n'est-ce pas l'ange que Marie-Madeleine a vu sur la pierre du sépulcre ?

Si ces rapprochements paraissent à Duchesne trop forcés, ils sont autrement jugés par L. Rostan : « Ce tombeau, dit-il, est ainsi décoré des plus nobles et des plus touchantes scènes de l'histoire évangélique. A part le dernier sujet, sur lequel il demeure quelque obscurité, ce sont les épisodes sacrés de la Passion du Christ qui s'y trouvent exposés ; et *nulle ornementation ne convenait mieux, en effet, au tombeau de l'illustre sainte qui avait assisté à ce drame sublime.* L'exécution en est remarquable et supérieure à toutes les autres ; il est le produit d'un artiste plus habile et d'un art plus perfectionné (1). »

C'est donc sans crainte, qu'en pénétrant dans la

______

(1) *Monuments et sarcophages de Saint-Maximin*, 1862.

crypte vénérée de Saint-Maximin, le pieux visiteur pourra, comme l'ont fait déjà, à travers tant de siècles, des pèlerins venus de toutes les parties du monde, baiser le sarcophage où reposa le corps de la pardonnée de Jésus.

Au premier coup d'œil, il reconnaîtra ce tombeau glorieux entre tous ; l'albâtre et les sculptures évangéliques diront à sa foi et à son cœur : Il est là !

APPENDICE

Le Point Initial de la Légende Provençale

Lettre à M. Doncieux

Je n'ai pas l'honneur, Monsieur, de savoir qui vous êtes.

Un ami m'ayant dit son étonnement de n'avoir pas vu, dans mon travail, la moindre allusion à l'article que vous avez publié dans les *Annales du Midi* (1), je veux combler cette lacune.

Vous avez mis la note gaie, je la garde pour délasser un peu les lecteurs qui ont suivi ma longue discussion.

Donc, admirateur de Duchesne, vous déclarez « qu'il a bien mis en lumière ce que d'autres avaient entrevu déjà : savoir que la légende de la Madeleine provençale fut d'abord fabriquée par les moines de Vézelay, à seule fin d'authentiquer les reliques de la sainte qu'ils prétendaient posséder. »

Si vous avez été ébloui par cette « lumière », malgré tous les nuages dont l'ont couverte les démentis de la vraie critique, c'est que vous devez avoir des yeux « non provençaux » ; aux nôtres, il faut des clartés plus radieuses.

(1) Toulouse, juillet 1891, p. 349-360.

« Toutefois, ajoutez-vous, Duchesne laisse un point dans l'ombre.

« S'il est tout simple que les premiers auteurs de la légende aient fait débarquer leur sainte à Marseille (les moines de Vézelay savaient bien qu'une femme de Palestine pour que son corps fût actuellement en Bourgogne, avait dû, morte ou vive, aborder au littoral de Provence) ; on se demande pourquoi ils fixèrent son séjour et sa sépulture au petit bourg obscur de Saint-Maximin ?

« C'est ce que Duchesne a négligé d'éclaircir ; et c'est pourtant ce que nous sommes à même d'expliquer par l'étude combinée des textes et des monuments : aussi bien le cas est curieux, et vérifie ce principe, si fortement établi par l'archéologie moderne, que, dans la formation du mythe ou de la légende, l'image mal comprise est un facteur de premier ordre. »

Ce cas, en effet, est curieux, et l'explication que vous en donnez est encore plus curieuse.

« En 1038, l'église et le terrain de Saint-Maximin appartenaient aux religieux de Saint-Victor de Marseille, lesquels y avaient fondé un prieuré.

« Or, vers ce temps, un frère de Vézelay, voyageant dans le Midi fut hébergé dans ce couvent : c'est un hasard des plus naturels et qu'on supposera volontiers.

« Quoi qu'il en soit, la basilique, peut-être fraîchement restaurée, dont l'auteur vante les belles proportions, était dès lors placée sous le vocable de Saint-Maximin, et l'on y voyait un autel dédié à saint Sidoine : deux personnages parfaitement inconnus, et sur qui les religieux contemporains n'avaient pas plus de lumières que nous mêmes, tout ce que l'on a feint à leur propos n'étant qu'une excroissance ultérieure de la légende de sainte Madeleine ; au reste, il est probable que, selon l'usage qui faisait partout conclure du vocable au corps saint, les moines du prieuré croyaient posséder leurs reliques. Mais ce qui devait frapper sur toute chose l'attention des visiteurs, c'était la crypte avec ses sarcophages de marbre sculpté, tels que nous les voyons encore aujourd'hui. »

Je vous arrête un moment, dans l'élan de votre style si dégagé, pour vous demander comment la crypte pouvait frapper l'attention des visiteurs, puisqu'elle était depuis des siècles ignorée, et que les tombeaux y étaient enfouis.

Si Duchesne vous a lu, je m'étonnerais qu'il ne vous eût pas ainsi reproché vos maladresses :

« Comment ! je me suis efforcé de prouver que la découverte de 1279 avait été « préparée » pour tromper l'opinion ; j'ai dit qu'on avait recouru à toutes les ruses pour faire croire à l'invention des reliques et à l'ouverture du tombeau ; et vous écrivez que déjà depuis plus d'un siècle le moine et tous les visiteurs pouvaient voir la crypte et le tombeau ?

« Mais alors que devient ma thèse de l'invention préparée ? »

Quoi qu'il en soit de Duchesne, admettons que le moine ait pénétré, comme tous les visiteurs du moyen âge dans la crypte, qu'y voit-il ?

« Considérant les sculptures de l'un des sarcophages, le moine de Vézelay y distingua, et tout le moyen âge après lui, une scène de la vie de Marie-Madeleine : la Madeleine identifiée par la croyance de l'Eglise latine à Marie de Béthanie et à la pécheresse de saint Luc. »

Tout le moyen âge : c'est encore un cas très curieux.

« Or, le compartiment d'extrême droite, en particulier, offre un sujet à trois personnages, traité d'une façon identique, sur les tombeaux du même temps : Pilate se lavant les mains de la mort du Christ ; à gauche, et tourné dans le sens contraire, Pilate est assis ; à droite, debout, une *figure drapée, que l'on peut prendre à volonté pour un homme ou pour une femme*, présente l'aiguière ; entre deux, une escabelle supportant la cuvette ; une tête d'homme *indéterminé* paraît à l'arrière-plan.

« Cette composition est, à nos yeux, fort claire. Mais *supposez* un spectateur *ignorant de l'archéologie chrétienne* et que *l'idée de Pilate* ne lui vienne pas à l'esprit, *rien n'empêche qu'il y impose* une signification très différente : l'homme assis *peut* être aussi bien le Christ ; l'escabelle avec la cuvette *peut* passer pour la représentation *simplifiée* d'une table servie ; la figure *à l'aiguière ressemble beaucoup à une femme* tenant un vase de parfum ; enfin, le personnage du fond sera *aisément* confondu avec l'hôte du Christ, Simon-le-Lépreux : en un mot, l'onction de Béthanie remplacera le lavement de mains de Pilate. Telle dut être, à dater de la relation du moine de Vézelay, l'interprétation commune. Et que ce moine lui-même en soit l'auteur ; que, préoccupé de sa Madeleine, il en ait reconnu l'image en ce monument, j'y trouve des *probabilités infinies.* C'était peu, s'il n'eût tiré de la découverte une conclusion immédiate, étrange pour nous, mais tout à fait conforme aux habitudes d'esprit de ces âges. Entre le contenu d'un tombeau et sa décoration extérieure on ne manquait point d'établir un rapport. »

Que de choses curieuses, Monsieur, dans votre composition !

Votre moine devait être bien hanté de l'image de sa Madeleine pour qu'il ne lui vînt pas à l'esprit, l'idée de Pilate ! et tout le moyen âge devait être atteint d'un étrange trouble visuel !

Si « la figure drapée pouvait être prise à volonté pour un homme ou une femme », il est curieux que le moine ait vu qu'elle ressemblait beaucoup à une femme.

Vraiment, Monsieur, si dans toutes les suppositions vous trouvez des « probabilités infinies », votre esprit doit être d'une perspicacité étonnante ! Mais vous me permettrez de vous dire en toute sincérité que si Duchesne n'a pas éclairci ce point initial de la légende provençale, vous-même n'avez pas suffisamment allumé votre lanterne !

Elle n'a pas pu vous servir dans vos coups contre Faillon.

D'après d'antiques relations Faillon a écrit que des scènes de la vie de Marie-Madeleine : l'onction, le Calvaire, le tombeau étaient sculptées sur le couvercle originaire de son tombeau, et que ce couvercle avait disparu.

Vous l'accusez d'abord d'avoir affirmé ces scènes en traduisant *eminenti sculptura* par sculptures d'en haut, de dessus, tandis que ces termes signifient sculptures en relief pour les distinguer des anaglyfi simples gravures.

Mais, dans le dictionnaire de Ducange, il y a cet exemple qui peut défendre Faillon : On appelle *sculptures supérieures*, celles qui sont au-dessus du portail de certaines églises : *Superiores dicuntur picturæ sicut solet in frontibus quarumdam ecclesiarum.* »

Je n'insiste pas davantage, parce que vous êtes capable de faire la leçon même à votre maître. L'*unguentum obtulit* de l'Evangile, Duchesne l'a appliqué au repas où Marie-Madeleine oignit les pieds du Sauveur. « Il a eu tort, déclarez-vous, d'avoir donné ce sens : *unguentum obtulit* ne veut pas dire cela. »

Vous faites un reproche plus grave à Faillon, c'est d'avoir affirmé que le couvercle originaire avait disparu, « ce qui est, dites-vous, une hypothèse commode d'éluder la difficulté d'avoir à prouver que ces prétendues sculptures étaient réellement sur le couvercle. »

Ah ! Monsieur, si vous aviez parcouru les deux volumes des *Monuments inédits*, vous auriez vu que Faillon ne connaît pas ces subterfuges et que toujours il expose et il discute avec la plus parfaite loyauté.

Duchesne a dit de Faillon qu'étant provençal, il était dispensé d'avoir de la critique ; mais, parce que provençal, Faillon, pour la probité et la conscience, n'a jamais usé de la dispense dont nos adversaires abusent trop souvent.

Excusez ma franchise, si je vous dis que dans le cas présent, vous-même avez été coupable en donnant contre Faillon une raison *péremptoire* qui va trop fâcheusement contre vous.

Pour prouver que le couvercle originaire n'avait pas les sculptures des scènes de la vie de Madeleine, vous évoquez l'autorité du grand archéologue Edmond Le Blant qui « par les vestiges qui subsistent au bord inférieur du couvercle, a pu restituer les sujets des sculptures disparues. L'on discerne encore le bas du corps d'un coq, des jambes de cerf, un filet d'eau ; la façade représentait donc selon les us de la symbolique chrétienne la prédiction du reniement de saint Pierre et le cerf buvant aux quatre fleuves ; et tout cela est bien loin de Madeleine. »

Oui, Monsieur, tout cela est bien loin de Madeleine et encore plus loin du couvercle originaire.

Pour éluder la difficulté, vous n'avez pas recouru à une hypothèse, vous avez préféré la brutale suppression de ce que Le Blant ajoutait après la restitution des sculptures « et ceci est péremptoire contre vous. » Je copie très fidèlement :

« Je ne *saurais dire* si ce fragment appartient réellement à la tombe... Il me paraît *douteux* qu'il puisse être tenu pour le contemporain des marbres de Saint-Maximin. »

Est-ce parce que vous n'êtes pas provençal que de deux doutes si loyalement exprimés par Le Blant, vous faites une affirmation péremptoire ?

Si vous aviez consulté le Père Valatx (1) qui connaît à fond tout ce qui se rapporte à Saint-Maximin, il vous aurait appris que « le couvercle originaire a *réellement* disparu ; et que le fragment qui se trouve sur le tombeau (celui qu'a examiné Le Blant) ne serait qu'une partie du couvercle d'un tombeau trouvé en 1859 sous le dallage de la crypte. »

Vous traitez saint Maximin et saint Sidoine de personnages *vagues et parfaitement inconnus.*

Si vous aviez ouvert le Cartulaire de Saint-Victor, neuf chartes vous auraient appris que dans le territoire du Comté d'Aix, il y avait une ville du nom de Saint-Maximin ; que dans cette ville, il y avait une église en l'honneur de saint Maximin ; que cette église était au même rang que les églises

(1) De l'Ordre des Frères Prêcheurs.

de sainte Marie, de saint Jean, de saint Laurent, de saint Mitre ; et que ceux qui léseraient les droits de ces églises encourraient la malédiction, l'abomination et l'excommunication, de la part de sainte Marie, de saint Maximin et de tous les saints. *Sancte Marie et sancti Maximini et omnium sanctorum maledictionem, abominationem et excommunicationem.*

Pour vous faciliter les recherches, je vous donne les numéros de ces chartes : 222, 224, 293, 294, 296, 297, 298, 303, 307.

Pour saint Sidoine, les chartes 470, 473, 476, 844, 848, 971, vous auraient fait connaître les églises élevées en son honneur, au même rang que les églises de saint Laurent, de saint Martin, de saint Jean ; et les notes C et H du même Cartulaire vous auraient appris que son nom était porté par des hommes et des femmes : Sidonius, Sidonia.

La charte 223 vous aurait mentionné un autel de ce saint dans l'église de Saint-Maximin ; et aux archives de la Cour des Comtes d'Aix, vous auriez découvert que Charles de Mimata fit renfermer sa relique dans un chef d'argent : et que la fête de saint Sidoine avait un office propre au 25 du mois d'août avec le titre d'évêque.

Vous tenez tant, Monsieur, à votre découverte, « basée sur l'étude comparée des textes et des monuments » que je donne à mes lecteurs, le plaisir de lire la solennelle conclusion de votre article :

« Ainsi s'élabora, presque d'elle-même, la légende primitive. L'auteur avait-il une conscience très claire de ses menteries ? je ne l'affirmerai point. Tout cela se déduisait si simplement *en son idée*, qu'à mesure qu'il *imaginait* les choses, il lui *semblait peut-être* qu'elles n'avaient pu se passer autrement. En somme, il procédait un peu à la façon d'un historien qui relie des certitudes données par une série d'hypothèses convenables : sauf que les données ici sont absurdes, et les conjectures exprimées comme autant de faits positifs.

« Telle quelle, cette petite fable incolore et sèche eut un grande fortune ; elle remplit par ses développements variés une nombreuse suite de siècles ; c'est d'elle, en dernière analyse, que sont sortis les fameux Actes (tarasconnais ?) de Marthe et de Madeleine, le culte de la Sainte-Baume, finalement l'invention à Saint-Maximin d'un deuxième corps de la Madeleine, reconquise ainsi par les Provençaux. Mais je n'ai pas à refaire, après Duchesne, l'histoire de cette ample végétation légendaire ; j'ai voulu seulement en *mieux* montrer le germe, et comment il s'était constitué. Bizarre enchaînement des effets et des causes ! Si quelque jour, sur le tombeau d'un riche propriétaire des environs d'Aix, l'artisan ne s'était pas avisé de sculpter le lavement de mains de Pilate, il n'aurait jamais été question de la Madeleine provençale, ni de sa navigation prodigieuse, ni des merveilles de sa pénitence ; l'on ne montrerait pas aujourd'hui à Saint-Maximin son crâne décharné, enchâssé dans l'or ; les pèlerins ne graviraient pas jusqu'à cette belle et sauvage caverne de la Baume, pour s'agenouiller sur la roche usée par les genoux de la repentie, pour boire à la fraîche fontaine où se mêlèrent durant trente années ses tendres et ses intarissables larmes. »

C'est charmant de poésie, Monsieur, mais toutes vos suppositions, vos probabilités infinies, vos contradictions, votre *suppression*, et surtout votre assurance « d'avoir mieux montré le germe de la végétation légendaire » feront conclure, même aux lecteurs non provençaux, que votre article éclipsera tous les actes tarasconnais.

CONCLUSION

CONCLUSION

De ce qu'il a écrit dans les trente-trois pages de la *Légende*, Duchesne conclut :

« Il est donc bien sûr que nous avons affaire ici à un faux. Une main sacrilège a fabriqué ce prétendu certificat et l'a inséré dans le sarcophage avant son ouverture officielle. Cela suffit pour édifier la critique. Dès lors, il importe peu que la fraude ait été consacrée par un nombre plus ou moins grand de chartes royales, de bulles pontificales, d'attestations de miracles... Pour l'histoire *sincère*, tout ce qui dérive de la découverte de 1279 est nul et non avenu. »

Il faut avoir une audace peu ordinaire pour prononcer *ex cathedra* une telle sentence.

Faut-il donc dresser le bilan de son écrit ?

Duchesne y affirme que Marie de Béthanie n'a pas de *relief* dans les traditions grecques, alors qu'elle est glorifiée par les plus grands docteurs dès les premiers siècles.

Il affirme qu'elle n'a point de sanctuaire spécial, alors qu'elle est honorée dans quatre, dont le plus célèbre, qui lui est spécialement consacré, est supprimé par une audacieuse interpolation du texte de *Silvia* que cependant il avait donné parfaitement exact avant d'attaquer nos traditions.

Pour nous opposer une Marie-Madeleine dont le tombeau était à Ephèse dès le sixième siècle il cite de Grégoire de Tours les cinq mots qui nous apprennent que ce tombeau n'avait pas même de couvercle *nullum tegumen habens.*

De Modeste, il signale simplement l'homélie toute tronquée par Launoy ; des historiens byzantins, des textes dont trois ne parlent pas d'Ephèse et dont l'un se rapporte à la sœur de Lazare.

Pour affirmer le pèlerinage de Willibald à ce tombeau d'Ephèse, il recourt à la *seconde vie* répudiée par la critique comme une œuvre fantaisiste, au lieu de s'en tenir à la première, qui est de grande valeur et ne parle pas du tout de ce pèlerinage.

Pour nier la sincérité de l'Invention des reliques, il dédaigne les historiens les plus célèbres, et il outrage les témoins les plus vertueux.

Enfin, pour prouver que l'inscription de 710 est un « faux », que la crypte de Saint-Maximin n'est qu'une sépulture de famille, que le tombeau est indûment attribué à sainte Madeleine, il va tout à la fois contre les maîtres de la critique, les paléographes les plus renommés et les plus célèbres archéologues.

Et c'est, quand, sur tous les points, il a des démentis si autorisés et si catégoriques que Duchesne jette un cri de victoire ! A quel mobile a-t-il donc pu obéir, pour en venir, malgré sa vaste science, à pareil aveuglement et à combattre nos traditions séculaires avec des armes si peu sûres et loyales ?

Problème bien troublant !

L'étude de l'âme de Marie-Madeleine fait jaillir sur son apostolat des lumières qui valent bien celles de documents écrits ; et il est étonnant que M. Henri Brémond qui a si bien mis en relief les prodiges de zèle opérés par les femmes passionnées d'amour divin, ait pu croire que Marie-Madeleine, après avoir vu ce tombeau vide et le Christ ressuscité ait disparu suavement de l'Evangile et... de l'Histoire.

Non, l'on répugne à admettre qu'elle n'ait pas voulu crier dans tout Jérusalem la divinité et le triomphe de Celui qui était mort au Calvaire pour donner au monde la Vérité et le Salut, et qu'elle n'ait pas continué le rôle d'apôtre qu'elle avait reçu du Christ d'aller la première annoncer sa résurrection.

Cette voix de la glorieuse pardonnée ne retentit pas dans Jérusalem ; mais là où la conduirait la main de Dieu, Marie-Madeleine pourrait-elle ne pas se dévouer à cet apostolat ?

Et quand aucune autre contrée du monde ne s'est attribuée Marie-Madeleine pour apôtre, la Provence n'est-elle pas dans toute la réalité historique en revendiquant cette gloire ?

M. Vacandard adoucit la brutale déclaration de Duchesne, en disant : « Les conclusions de la critique n'ont qu'une valeur négative nous le savons bien » (1). Mais, quand la critique n'a pas, contre

(1) *Revue des Questions historiques*, avril 1924.

les traditions séculaires d'un peuple, des raisons péremptoires, par ses attaques, tout au moins inopportunes, elle n'obtient que deux résultats : la joie des incrédules, la douleur des croyants.

Duchesne a voulu aussi se faire le conseiller de l'autorité ecclésiastique. « Elle est dit-il, *obligée* de tenir compte néanmoins du développement religieux provenant de ce culte provençal de Marie-Madeleine. Elle *comprendrait mal son devoir* si elle faisait table rase d'une tradition de culte qui dure depuis six cents ans. Après tout, les honneurs rendus à la mémoire de sainte Madeleine sont tout à fait légitimes.

« Que le lieu où on le lui rend ait été déterminé d'après une tradition plus ou moins suspecte ; que les reliques de ce sanctuaire soient authentiques ou apocryphes, cela n'empêche pas la piété d'être sincère et c'est ce qui importe à Dieu et aux hommes. »

Ce qui importe à Dieu, c'est que le culte des saints ne soit pas une farce ; et aux hommes, que leur piété ne soit pas une duperie.

L'Eglise ne marchande pas avec les choses sacrées.

Si, contre toute vraisemblance, il venait à être péremptoirement démontré que l'invention de 1279 a été une imposture ; que la grotte de la pénitence a été créée par l'idée des gens du pays ; et que les reliques de sainte Marie-Madeleine sont apocryphes, l'autorité ecclésiastique tiendrait peu de compte des conseils de Duchesne.

Les droits inaliénables de la vérité, le respect de la piété chrétienne ne se concilieraient pas avec la vénération d'un lieu que la sainte n'aurait pas sanctifié, ni avec le culte des reliques, pouvant, au lieu d'appartenir à l'amie de Jésus, n'être que les restes même de quelque damnée.

Quand Boniface VIII eut reconnu la sincérité incontestable de l'invention de 1279 et l'authenticité des reliques de sainte Marie-Madeleine, il le proclama dans sa bulle de 1295 : « *In ecclesia sancti Maximini... est corpus B. Mariæ Magdalenæ reconditum*. Dans l'église de Saint-Maximin, il y a le corps de sainte Marie-Madeleine. » Il ne s'arrêta pas devant la surprise et la déception de tous les dévots ou les intéressés de Vézelay. La Vérité ! c'est ce qui importait le plus à Dieu et aux hommes.

Pour nos traditions, il n'y aura point de décision dogmatique, la nature du fait ne le comporte pas.

Mais quand nous entendons les hymnes saintes en l'honneur de Marie-Madeleine, sœur de Lazare ; quand nous lisons l'office de sa conversion et de l'invention de ses reliques ; devant ces affirmations de la liturgie sacrée, nous disons aux adversaires de nos traditions, avec plus de foi encore qu'avec tous les documents et tous les témoignages : « L'Eglise est avec nous ! »

TABLE DES MATIÈRES

Pages

APPENDICE

Le Point Initial de la Légende Provençale